3.

L'ADMINISTRATION

DES FINANCES

EN 1848 ET EN 1849.

PARIS. — IMPRIMÉ PAR E. THUNOT ET Cᵉ,
Successeurs de FAIN et THUNOT, 28, rue Racine, près de l'Odéon.

L'ADMINISTRATION
DES FINANCES

EN 1848 ET EN 1849

PAR

GUSTAVE DU PUYNODE.

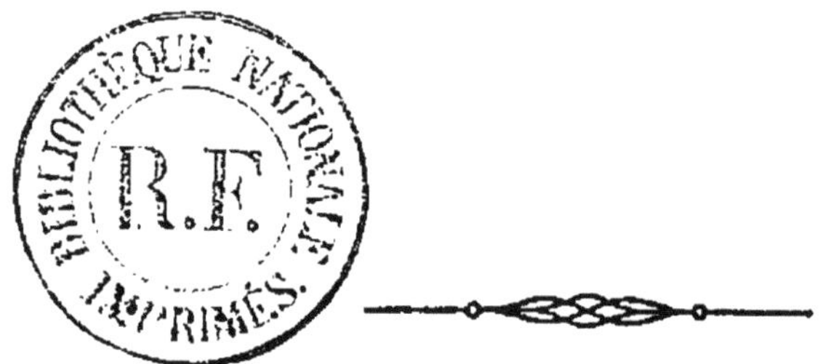

PARIS.

JOUBERT, LIBRAIRE DE LA COUR DE CASSATION,
RUE DES GRÉS, 14,
ET GUILLAUMIN ET Cᵉ, LIBRAIRES-ÉDITEURS,
Rue Richelieu, 14.

—

1849

L'ADMINISTRATION DES FINANCES

EN 1848 ET EN 1849.

> « Mon sentiment est qu'on peut bien admirer
> la république sans admirer la manière dont elle
> fut établie. »
>
> SAINT-ÉVREMONT, *Considérations sur
> les Romains.*

> « Dans le trouble et l'anarchie où se trouve
> plongé le royaume, des perceptions importantes
> ont disparu, et il est devenu tous les jours plus
> difficile de pourvoir aux dépenses que nécessitent les besoins de l'État. »
>
> MIRABEAU, juillet 1789.

CHAPITRE I.

Situation au 24 février.

Les finances sont l'embarras constant des gouvernements qui se perdent ou se fondent. Ceux-là dissipent leurs ressources; ceux-ci se voient privés en partie de celles qui étaient assurées précédemment. Un des premiers be-

soins, comme une des plus grandes difficultés
de l'État qui sort d'une révolution, c'est donc
de rencontrer un ministre des finances qui
sache alimenter le Trésor sans épuiser le pays.
Quand il en est autrement, c'est un malheur
immense, et le ministre incapable qui ne s'en-
toure pas des hommes ayant le savoir et l'expérience qui lui manquent, est impardonnable.
Il place les suggestions de son amour-propre
au-dessus des intérêts de sa patrie.

Durant les dernières années de la monarchie
de 1830, nos finances avaient été mal adminis-
trées. Trop souvent, où l'on n'aurait dû trouver que des mesures financières, on rencon-
trait des expédients politiques. Je ne veux assurément pas médire du pouvoir qu'une révolution, au moins inattendue, a renversé ; assez
d'autres insultent après le malheur, et ap-
plaudissent après le succès. Les dix-sept ans
d'ailleurs qu'a duré ce pouvoir, forment, à
mon sens, l'époque la plus prospère et la plus
libre qu'ait encore traversée notre nation.
Mais le budget avait pris des proportions exagérées, et la dette flottante, accrue sans mesure, devait enfanter de graves périls à la première commotion. Le budget avait été porté
à 1,500 millions ; malgré les 800 millions de
ressources extraordinaires, obtenues dans les

huit dernières années, tant de l'accroissement des contributions indirectes que des réserves de l'amortissement, la dette flottante s'élevait, au 24 février, à 959,067,921 francs. Dans cette situation, la sauvegarde, c'était la paix au sein de la stabilité, sinon du développement de l'industrie. Le gouvernement de juillet pouvait, à ces conditions, réparer aisément ses fautes ; cela n'est pas douteux. Dire, ainsi que M. Garnier-Pagès, que son maintien aurait rendu la *banqueroute inévitable* pour la France, c'est certainement peu estimer la France.

Mais après la révolution de février, qui a jeté dans le pays tant d'incertitude, comme tout ce qui est imprévu, et tant d'effroi, comme tout ce qu'on impose, le danger est devenu grand, imminent. Et le premier rapport de M. Garnier-Pagès, en date du 9 mars, sur la position du Trésor, n'était pas de nature à le diminuer. Sans les violentes secousses même qui ont aussitôt agité tout le continent, on se serait plus aperçu encore de l'imprudence qui a fait publier un pareil acte. On le sait, du reste, il n'était pas seulement imprudent. M. Garnier-Pagès accusait le gouvernement déchu d'avoir dépensé, pendant les deux cent-soixante-huit derniers jours de son existence, c'est-à-dire du 30 avril 1847 au

24 février 1848, 1,100,000 francs par jour au delà des ressources ordinaires ; cet excédant de dépenses n'était en réalité que de 760,000 francs. M. Garnier-Pagès n'avait pas tenu compte de la différence du solde en caisse aux deux époques (1). La dette publique, dans ce rapport, était en outre exagérée de plus de 200 millions ; les crédits affectés à l'exécution des travaux publics y étaient par contre diminués de près de moitié (2) ; on n'y trouvait enfin comprises, dans le montant de la dette flottante, évaluée seulement à 872 millions, ni les rentes 5 et 3 p. 100, ni les actions des Quatre et Trois-Canaux appartenant aux caisses d'épargne, qui pourtant, n'étant pas réalisables dans le moment de crise où se trouvait le crédit, ne pouvaient être d'aucun secours pour le Trésor.

Ce rapport ne faisait à la fois, connaître que le passif; il ne disait rien de l'actif.

Or l'actif se composait :

---

(1) Au 30 avril 1847, le solde en caisse n'était que de 47 millions, tandis que le 24 février 1848 le Trésor possédait en numéraire 155 millions, différence 88 millions. Ce qui réduit à 206 millions la somme portée à 294 par M. Garnier-Pagès.

(2) *V. Observations sur l'administration des finances pendant le gouvernement de juillet*, par M. Lacave-Laplagne

1° Du solde en numéraire et à la Banque de France s'élevant à 135 millions de francs ;

2° Des valeurs en portefeuille s'élevant à 55 millions ;

Ainsi, 959,067,921 francs à payer, et 135 millions de francs en caisse, avec la ressource future de 55 millions, tel était le bilan de la monarchie, la situation du Trésor.

De son côté, le budget ordinaire, a dit M. Fould, laissait entrevoir un déficit de 48 millions de francs, qui eût été probablement dépassé. Quant au budget extraordinaire, qui comprend les chemins de fer, les travaux publics de tout genre et les approvisionnements spéciaux de la marine, il n'avait d'autres ressources qu'une vingtaine de millions à recevoir des compagnies concessionnaires de chemins de fer, et les termes de l'emprunt de 250 millions négocié le 10 novembre 1847, dont 83 millions avaient été payés d'avance. Or ces ressources disparaissaient avec la révolution.

Il y avait tout ensemble à prévoir un amoindrissement considérable dans la rentrée des contributions, et on allait, grâce à la crise industrielle, qui était inévitable, avoir à faire face à des dépenses nouvelles. Il était nécessaire, pour surmonter de pareilles difficultés,

de beaucoup de réflexion et de savoir aussi
bien que de beaucoup de décision ; on n'a ren-
contré dans le nouveau pouvoir qu'un défaut
absolu de connaissances et une extrême mobi-
lité de desseins, de principes, de volontés. Les
rapports se sont entassés sur les rapports, les
propositions sur les propositions, les décrets
sur les décrets. Chaque jour on voyait détruit
ce qu'on avait vu proclamé la veille. On aurait
dit d'un gouvernement poussé à la dérive,
suivant tous les vents, jeté à tous les écueils.

L'emprunt, l'impôt, la vente, les dons
volontaires, ont été tour à tour invoqués
comme des moyens de secours, abandonnés
et repris. On augmentait les contributions
qu'on venait de déclarer exagérées ; en présence d'une banqueroute qu'on assurait immi-
nente, on supprimait les taxes que le public
était le mieux accoutumé d'acquitter. Les con-
sidérations qui précédaient chaque projet de
loi resteront surtout célèbres dans le monde
financier. Je ne sache pas une idée, un système
qu'on n'y ait soutenu.

En copiant un expédient employé en 1830,
on a ouvert un *emprunt national* de 100 millions, à 5 p. 100 au pair, pendant *un mois seulement*, quand, à la Bourse, la rente s'offrait
à 60 francs. Bien que les circonstances fussent

assez favorables en 1830, l'emprunt national ne produisit alors que 21 millions ; le résultat a été absolument nul en 1848. On n'a
apporté au Trésor que des bons qu'il ne rem-
boursait plus, et qu'on trouvait ainsi, en perdant 40 p. 100, le moyen de convertir en un
titre transmissible (1). Le ministre des finances
se fit en même temps autoriser à porter à la
monnaie l'argenterie, les bijoux, les lingots
trouvés dans les résidences royales, quelle
qu'en fût l'origine ; il obtint aussi de vendre les
diamants de la couronne, ainsi que les domaines
de la liste civile, dont le roi n'était qu'usufrui-
tier, Versailles ou Fontainebleau ! et des bois
de l'État jusqu'à concurrence de 100 millions.

Ces quatre mesures : l'emprunt national, la
vente des diamants, celle de l'argenterie de la
couronne, l'aliénation des biens de la liste civile et celle des forêts du domaine, forment,
au milieu de tant d'autres, à vrai dire, le plan
financier que M. Garnier-Pagès fit décréter, par
le gouvernement provisoire, pour assurer le
service de l'État. Le Trésor en a retiré environ
1 million, provenant de la refonte de l'argenterie de la couronne. Ce n'est que la douzième

____

(1) Il n'a pas été versé à Paris, pour l'emprunt national,
une somme de 10,000 fr. en numéraire.

partie de la surcharge qu'on imposait à la caisse des retraites, par la désorganisation apportée dans toutes les branches de l'administration. Et les hommes de finances les plus capables comptent parmi ceux qu'on a les premiers écartés au nom de la politique. Rien pour la France, tout pour une faction, telle semblait déjà la devise du gouvernement.

Ce n'est pas de la sorte qu'on agit à une autre époque de désastres et d'exclusion aussi cependant. En 1816, en face de besoins énormes, d'une armée d'occupation et des traités de 1815, le gouvernement assembla une commission pour rechercher les mesures à prendre, et il y appela le duc de Lévis, le marquis Garnier, Jacques Laffitte, Duvergier de Hauranne, le baron Portal, Ternaux, Morgan, du Belloy, Ollivier et le duc de Gaëte, la veille encore ministre des finances de l'empereur. Aussi quelles délibérations eurent lieu, quels enseignements se firent entendre au sein de cette commission! Et la position fut dominée. Dès 1814, du reste, le gouvernement de la restauration s'était montré à la hauteur de sa tâche financière. Il avait mis fin aux moyens de déception et de contrainte employés envers les créanciers de l'État, en leur garantissant leurs droits. C'est cette résolution de rembourse intégralement toutes les créances qui menaçaient alors la fortune publique, qui a été la première base et le point de départ de notre crédit futur, comme le disait M. de Chabrol dans son beau rapport au roi sur l'administration des finances, du 15 mars 1830. Et il est juste de le rappeler, elle est due au grand ministre qui a su, en maintenant l'honneur du Trésor, réparer l'état fâcheux de nos finances en 1814, en 1815 et en 1831, au baron Louis.

Sans doute, les hommes qui ont en main la gestion des finances ne sont pas le pouvoir tout entier, et de quelque génie qu'ils soient doués, leurs efforts resteront toujours stériles, s'ils trouvent près d'eux ou une lâche faiblesse ou une audace coupable. Il leur appartient de puiser, de la façon la meilleure, dans la fortune du pays; mais c'est des autres ministres qu'il dépend principalement que les sources de la richesse continuent à couler et s'élargissent. Le baron Louis ramena l'abondance au Trésor après 1830, comme il l'avait fait après 1815, mais Casimir Périer siégeait à la tête du conseil. Je le reconnais, M. Garnier-Pagès aurait pu mettre au jour les projets les plus habiles, un discours du Luxembourg, un bulletin parti du ministère de l'intérieur, les auraient annulés. Un État où l'ordre n'a plus de base, où le travail est arrêté , n'aura jamais de finances florissantes. Seulement , le ministre chargé des intérêts du Trésor doit en exposer franchement la situation — je suppose qu'il la comprenne — en mettant sa démission au bout de son avis. Qu'est-ce donc qu'on peut espérer servir en présidant à la ruine de son pays ?

CHAPITRE II.

Des mesures de crédit.

Le premier devoir d'un gouvernement, c'est de respecter les engagements pris. On ne contracte pas avec tel ou tel ministère, telle ou telle autorité, on contracte avec l'État, qui ne meurt ni ne change. Et le respect des engagements n'est pas seulement une obligation morale, c'est encore, pour le pouvoir, une habileté politique. Le crédit, en effet, repose tout entier sur la confiance, la moindre atteinte le détruit, et quel gouvernement n'en a besoin? Tout à la fois, n'espérez pas du crédit privé, l'âme de l'industrie, l'élément de la production de la richesse, où le crédit public a cessé d'exister. Imaginer qu'on peut dire impunément aux créanciers du Trésor, en leur montrant une caisse vide, comme M. Garnier-Pagès dans son rapport du 9 mars : « Voilà le gage que vous laisse le gouvernement en qui vous aviez placé votre confiance; reprenez-le, » c'est croire qu'un État peut être sans foi, un peuple sans honneur et de même sans nouveaux besoins.

On efface de la sorte sa dette aisément sans doute, mais en perdant la fortune de l'avenir, le crédit. M. Laffitte disait à Louis XVIII, en 1816 : « Le payement intégral de l'arriéré est un gage de retour aux principes de loyauté qui sont le fondement de tout crédit; c'est une garantie qui annoncera la volonté de maintenir toutes les obligations qu'on se propose de contracter... Il faut se résigner à être esclave de ses promesses ou il faut renoncer à tout système de crédit. » La République devait donc reconnaître les dettes de la monarchie, aux conditions admises, sans hésitation, sans restriction. Il n'en a rien été. Après avoir proclamé, le 7 mars, que le Trésor tiendrait tous ses engagements, que de toutes les propriétés, la plus inviolable, c'est l'épargne du pauvre, et avoir porté à 5 p. 100 l'intérêt des dépôts aux caisses d'épargne, on convertissait, le 9, tous ceux qui dépassaient 100 fr. en bons du Trésor à quatre ou six mois d'échéance, ou en rentes 5 p. 100 au pair, alors qu'elles perdaient 40 p. 100. Dans ce même décret du 9 mars, on affirmait que le service des bons du Trésor était assuré, et sept jours après on obligeait leurs détenteurs à les échanger contre des rentes 5 p. 100 au pair, perdant alors 48 p. 100, ou à les renouveler à six mois d'échéance. L'effet d'une telle mesure ne pouvait être douteux ; elle assimila aussitôt la valeur des bons à celle de la rente, en les soumettant à la même dépréciation.

On frappait, on repoussait ainsi les grands et les petits capitalistes ; et, je le répète, c'était non-seulement profondément inique, mais aussi, et sous bien des rapports, très-impolitique. Le dépôt à la caisse d'épargne, c'est l'économie sur le salaire ; chaque franc dont il se compose, renferme des jours, des semaines de labeur et de privations. Tout ensemble, c'est un capital qui commence, un héritage qui se forme, c'est le travail qui gagne son émancipation, en donnant de nouvelles garanties à l'ordre. Respectez-le, honorez-le ce petit dépôt, si restreint, qu'on voit à peine ; il porte en soi toute une transformation sociale. Le peuple avait aux caisses d'épargne, au 24 février, une somme de 356 millions (1) ; il y avait là assurément plus d'indépendance véritable, de dignité, de bonheur que ne peuvent en donner bien des constitutions. La loi de 1845, qui avait fixé à 1,500 fr. le *maximum* des dépôts, était déjà très-funeste ; que dire de la suspension de payement de ces créances, de

____

(1) C'était 356,203,000 fr., dont 80,897,000 pour Paris.

cette banqueroute de 40 p. 100, faite à des gens qui n'avaient pas d'autre fortune et qui allaient se trouver sans ouvrage, au moment surtout où l'on cherchait à leur suggérer les desseins les plus coupables? Et l'État, en ne remboursant pas au ministère des finances, ne faisait guère que se préparer de nouvelles dépenses au ministère des travaux publics. La confiscation des dépôts amenait l'ouverture des ateliers nationaux.

Les avances faites à l'État en retour des bons du Trésor, dont le montant, au 24 février, était de 329,886,000 fr., ne peuvent présenter autant de faveur que les dépôts aux caisses d'épargne ; cependant que sont-elles ? La portion du capital circulant qui attend un emploi, soit pour participer à la production, soit pour développer la consommation. Par suite de la facilité qu'on trouvait dans les escomptes, ces effets étaient un placement provisoire que le commerce, la Banque surtout donnaient à leurs réserves, afin de n'en pas perdre complétement l'intérêt. Ils représentaient ainsi, dans une certaine mesure, les engagements commerciaux auxquels ils devaient servir de voies et moyens. Frapper ceux qui les détenaient, c'était donc atteindre peut-être les riches, mais c'était avant tout placer le commerce dans l'impossibilité de faire face à ses engagements, et par suite préjudicier beaucoup aux salariés, aux ouvriers. On peut dire des détenteurs des bons du Trésor ce que Mirabeau disait des porteurs de rentes : si ce sont des riches, ces riches sont des agents de la circulation, et si elle s'arrête dans leurs mains, la pénurie atteint une foule d'individus qui ne peuvent être privés de rien, sans sacrifier de leur plus étroit nécessaire. Le capital est de fait toujours, partout le grand ressort du travail. Sans capital, le travail reste stérile, et plus il est abondant, plus le travail est productif, aisé, rétribué. Insensés qui tentez de nuire au capital par haine du riche, vos coups atteignent surtout les pauvres. La lave qui monte dessèche le fruit, et en retombant elle entraîne l'arbre. Une société sans capital, c'est la tribu sauvage. A mesure qu'il se forme et s'étend, naît seulement et se développe la civilisation. La propriété enfin, sous toutes ses faces, doit rester sacrée, et un bon du Trésor, n'est-ce pas la preuve d'une créance, n'est-ce pas une propriété? Il fallait offrir 6 p. 100 d'intérêt aux porteurs de ces bons, comme aux déposants des caisses d'épargne, moyennant, de la part des premiers, un renouvellement à longue échéance, sinon les rembourser au pair avec des rentes. On aurait de la sorte maintenu la dignité du Trésor et paré à l'embarras le plus sérieux qu'eût légué la monarchie : embarras, après tout, qui n'était pas de nature à effrayer un gouvernement décidé au bien et honnête. Car durant les dernières crises précédentes, les dépôts aux caisses d'épargne avaient à peine diminués, et le pouvoir n'eut, pendant la disette de 1847, qu'à élever l'intérêt des bons du Trésor pour que les capitaux affluassent dans ses coffres et lui permissent de subvenir à toutes les dépenses d'approvisionnement de l'armée et de la marine.

Il est encore plus vrai d'un gouvernement que d'un particulier, qu'il s'enrichit en payant ses dettes. Autrement, je l'ai dit, il se prive du crédit et se ménage d'immenses difficultés ; il s'ôte tout ressort, toute hardiesse, toute grande puissance, toute grande ressource. Le gouvernement provisoire lui-même s'est, du reste, aperçu de la nécessité du crédit, et y a eu recours. Il a décidé que la caisse d'amortissement serait payée en bons du Trésor au lieu de l'être en espèces, mesure assez peu profitable d'ailleurs, puisqu'elle n'amenait une diminution de la dette consolidée que par l'accroissement de la dette flottante (1), qui pesait déjà

---

(1) La caisse d'amortissement, en effet, doit chercher à

si lourdement sur nos finances , et, plus tard, il s'est fait prêter 50 millions par la Banque de France, en retour encore de bons du Trésor.

Par suite de cette double banqueroute envers les déposants des caisses d'épargne et les porteurs des bons du Trésor, par suite aussi bien des scandales et de l'impéritie du gouvernement, une dépréciation sans exemple a frappé toutes les valeurs. En six semaines, la Bourse de Paris a perdu 4 milliards (1). Le papier, qui, dans les transactions commerciales, était précédemment le seul numéraire employé, s'est trouvé repoussé de la circulation. Il a fallu, il faut encore, comme dans l'enfance des sociétés, que la monnaie métallique intervienne

---

échanger les bons du Trésor qu'elle a reçus contre des rentes consolidées.

(1) Les cours des principaux effets publics tombèrent de plus de moitié durant le premier mois des opérations de bourse après la République. Voici quelques chiffres :

	Cours de la fin de février.	Cours au 7 mars (ouvert. de la Bourse.)	Cours les plus bas.	
5 p. 100.	116 10	97 50	50	(5 avril)
3 p. 100.	73 70	58	32 50	(5 avril)
Banque de France.	3,180	2,400	950	(10 avril)
Paris à Orléans. . .	1,180	1,000	385	(7 avril)
Paris à Rouen. . . .	863 75	550	275	(5 avril)
Marseille à Avignon.	532 50	315	155	(4 avril)
Nord.	536 25	390	302 50	(6 avril)
Paris à Lyon.	385	300	280	(31 mars)

dans tous les échanges, et elle-même tendait déjà alors, sous l'empire de la crainte, à disparaître. Le courant des affaires s'est arrêté, le travail a été frappé d'une suspension presque absolue. Les établissements qui ne fermaient pas entraient en liquidation ; le cours des denrées agricoles tombait au-dessous du prix de revient ; le commerce était anéanti.

Depuis que l'industrie a pris un large développement dans le monde, aucun peuple encore n'a subi une crise comparable. A côté des souffrances, à ce moment, tout secours a fait défaut ; l'édifice social s'est vu ébranlé dans tous ses fondements. Cependant le monde est devenu un atelier. La richesse, ce n'est plus seulement du bien-être, c'est le premier élément de puissance politique de nos jours, ainsi que la garantie des droits à la conquête desquels se sacrifie notre vie. La route qui y conduit est la route même de la civilisation. C'est par son long travail et par ses épargnes de tout le moyen âge que la bourgeoisie a gagné son affranchissement proclamé en 89. Un peuple pauvre, quoi qu'on imagine, quoi qu'on fasse, devra vivre, vivra toujours sous le despotisme ou au sein de l'anarchie, qui n'est que le despotisme multiplié. Il demeurera pareillement soumis à la division et à la haine des classes ;

l'égalité véritable, raisonnable, exige des sentiments qui n'existeront jamais avec la misère. Tout principe, toute idée, tout dogme a ses conditions matérielles. Il est facile de couvrir les murailles des devises les plus magnifiques ; il est moins aisé de les réaliser. Au temps et aux efforts de chacun appartient seulement de le faire. On a admiré beaucoup les masses populaires réclamant la liberté, durant notre première révolution, sans se soucier de leur dénûment. Leur ardeur pouvait être sublime, mais elle était insensée. Et il est un côté de la révolution qu'aucun historien n'a encore traité, bien qu'il ait une immense importance, c'est son côté économique. On a rejeté les scandales, les crimes affreux de cette époque sur l'ignorance du peuple ; le peuple était ignorant, sans doute, mais il était aussi misérable, et cela suffirait pour rendre raison de ses excès.

Au sein du travail, sans cesse de nouvelles populations montent les degrés de l'aisance, de la dignité morale, de la considération, et l'ordre est assuré. Après le 24 février, on aurait dû se rappeler surtout ces paroles que Laffémas de Humont adressait au roi (en 1597) en lui présentant son projet de règlement pour *dresser les manufactures* : « Il est besoin de faire travailler les manufactures et ouvrages pour remettre les pauvres villes et villages ruinés; ce sera avoir trouvé la pierre philosophale. » En face d'une industrie, non appauvrie, mais florissante, on ne s'est appliqué qu'à la détruire; au peuple suréxcité, lancé au courant des utopies anti-sociales, on a accordé, d'une façon absolue, le droit au travail, cette base du communisme, et un membre du gouvernement, au comble de l'ignorance ou au sommet du crime, s'écriait à la tribune du Luxembourg : C'est une société qui s'en va! Il fallait à tout prix maintenir le travail en affermissant l'ordre, on n'a su que l'anéantir. Eh bien! à qui, à quelle classe la révolution a-t-elle profité? Les proclamations du gouvernement provisoire répétaient chaque jour qu'elle était faite pour le peuple.— On ne se souvenait plus de la nation française — et les masses qu'on nommait ainsi sont tombées dans la plus affreuse détresse; il leur faut les secours de l'aumône. Les versements aux caisses d'épargne ont baissé, durant les quatre premiers mois de 1848, comparativement aux mois correspondants de 1847, dure année de disette pourtant, de 20 millions. Pendant les sept premières semaines de 1848, la caisse de Paris avait reçu 8 millions. Aujourd'hui, comme l'a écrit M. B. Delessert, on peut dire que l'admirable institution des caisses d'épargne n'existe plus. Les denrées les plus nécessaires à la vie ont elles-mêmes cessé d'être achetées; les produits de l'impôt du sel se sont affaiblis de 7 millions en 1848. Quel enseignement, si l'on savait le comprendre !

M. Goudchaux, qui, au lendemain de la révolution, pendant ses quelques jours de ministère, avait cru maîtriser la crise en montrant sa propre confiance, et s'était fait assez illusion sur la situation pour devancer le payement des engagements du Trésor, au lieu de chercher à lui procurer des ressources, a le premier tenté de relever le crédit de l'État, lors de sa rentrée, à la fin de juin, aux affaires. Sur sa proposition, l'Assemblée nationale a décidé, le 7 juillet, en annulant les décrets du gouvernement provisoire, que les livrets des caisses d'épargne seraient remboursés en rentes 5 p. 100 à 80 fr., et les bons du Trésor en rentes 3 p. 100 à 55 fr. Mais ce n'a été encore là que réparer une énorme banqueroute par une banqueroute moindre. Le 3 p. 100 n'était effectivement, au moment du vote de ce décret, qu'à 50 fr. 50 c., et le 5 p. 100 atteignait juste 80 fr., grâce aux spéculations de bourse ; l'un et l'autre sont aussitôt tombés au-dessous de ces cours. Assurément, M. Goudchaux a eu raison depuis d'appeler *malheureux* le jour où il a soutenu une pareille mesure. Avec un peu de réflexion, d'ailleurs, on eût aisément compris que l'émission d'une quantité de rentes consolidées représen tant un capital de plus de 600 millions, qui allai être bientôt suivie de la négociation d'un em prunt de 177 millions, suivi à son tour d'un autr emprunt de 54 millions (1); que l'émission d'un pareille quantité de rentes devait nécessaire ment amener, n'y eût-il nulle autre cause, un dépréciation de tous les fonds. Ce n'est don pas le cours du 7 juillet qu'il fallait adopt pour régler la consolidation des titres qu'on pouvait rembourser; il fallait la régler sur d cours calculés de manière à donner aux po teurs des nouvelles rentes le temps d'obtenir livraison de leur titre, et de recouvrer, en vendant, les sommes qu'ils avaient prêtées l'État. Puisqu'on payait ses dettes, contrair ment à ses propres engagements, sous le co de la nécessité, par du papier-monnaie, on vait, autant que possible, se rapprocher de l quité. Lorsque le baron Louis, cet illustre nistre, ce financier éminent, dont le princ

(1) Fait aux anciens actionnaires du chemin de fer Lyon, décret du 17 août. Cet emprunt a produit 54,273,50

invariable était « que la trésorerie nationale ne peut avoir du crédit qu'à la seule condition de payer les créanciers de l'État à leur complète satisfaction, » créa, après l'invasion, des reconnaissances de liquidation pour solder l'arriéré, il eut soin de stipuler qu'elles seraient payables au pair, soit en argent, soit en rentes au cours moyen des six mois à venir et devant précéder l'échéance de chaque reconnaissance (1).

Le 21 novembre, un second décret est intervenu sur la même question. Il a abaissé pour les déposants aux caisses d'épargne à 71 fr. 60 cent., cours moyen de la rente 5 p. 100 du 7 juillet au 20 novembre, le prix de la rente qu'ils devaient payer 80 francs, et à 46 fr. 40 cent. le prix de celle que les porteurs des bons du Trésor devaient payer 55 francs. Le montant de ces différences, dont l'intérêt court depuis le 7 juillet, sera, en outre, remboursable à compter du 1er janvier 1850. Ç'a été une dernière réparation. Mais il est fâcheux pour un gouvernement de payer ses dettes à la

---

(1) Ces reconnaissances furent remboursées intégralement en argent.—Chaque créancier pouvait choisir dans les six mois qui précédaient son échéance un cours à sa convenance, et vendre, si bon lui convenait, des rentes de manière à se couvrir.

façon de l'avare de Molière, denier par denier. Il s'en faut, d'ailleurs, que la réparation soit complète (1).

Le crédit, frappé si fortement par la double banqueroute dont je viens de parler, reçut encore, dans les premiers mois de la République, et coup sur coup, bien d'autres atteintes. Les fonds des tontines furent confisqués, les chemins de fer officiellement menacés du rachat par l'État, et les compagnies d'assurances de destruction ; on donna cours forcé aux billets de la Banque de France et des banques départementales, en même temps qu'on en suspendit le remboursement ; enfin les fonds de la caisse d'amortissement furent détournés de leur destination.

Le public s'est peu préoccupé de la pre mière de ces mesures. Les opérations des ton tines ne sont pas entrées dans nos mœurs ; peine le nom en est-il connu hors de Paris. E Angleterre, un pareil décret aurait mis la na

(1) Toutes les précautions nécessaires pour que cette rép ration profitât aux premiers créanciers, et non aux agioteur n'ont pas été prises. Tant que les nouvelles inscriptions d rente ne seront pas délivrées, en outre, les détenteurs d livrets des caisses d'épargne ne pourront les transmett qu'en acquittant les frais d'un acte de cession, et en se so mettant à une perte sur le prix de la rente ; car les acqu reurs n'oublieront pas de s'assurer contre la baisse qu'i peuvent craindre lors de la délivrance de l'inscription.

tion entière en émoi ; nous l'avons laissé passer sans souci. Mais tandis que la masse de la population se montrait aussi indifférente sur ce point, il en était autrement des gens de finance. De quelque manière qu'ils jugeassent les établissements tontiniers, ils ont vu, dans cette mesure, des dépôts confisqués, une propriété méconnue, des droits violés. Or l'alarme chez les financiers, c'est toujours le resserrement des capitaux, du crédit, des obstacles au travail, des souffrances pour tous.

Le gouvernement, plus tard, en présence de l'Assemblée nationale, a été forcé de reconnaître l'injustice de cette confiscation, qui d'ailleurs n'avait pas produit la moitié de ce qu'on en attendait. Il a proposé, le 11 juillet, de rembourser les fonds qu'il s'était ainsi attribués, en rentes 5 p. 100, au cours de 80 francs (1), comme les livrets des caisses d'épargne, bien que le cours de ce jour fût inférieur à ce chiffre. Par le même décret, les fonds des communes et des établissements publics versés au Trésor, et dont le gouvernement s'était aussi emparé depuis le 25 mars, doivent être restitués en rentes au cours

---

(1) Cela a donné lieu à une inscription de 210,000 fr. de rente au capital de 4,200,000 fr.

moyen de la bourse qui suivra l'arrivée de la
demande des communes ou des établissements
publics d'acheter des rentes.

Si la spoliation commise à l'égard des tontines a peu occupé l'opinion, il en a été bien
différemment du projet de racheter les chemins
de fer. Tout le monde a entendu cette menace
et l'a comprise. On y a vu avec raison un pas
hardi vers la réalisation des idées socialistes.
Les chemins de fer constituent une propriété
pour les compagnies, reconnue non-seulement
par une loi générale, mais aussi par des contrats particuliers; et la loi, comme ces contrats, a fixé le temps et le mode du rachat,
temps qui n'est pas arrivé, mode qu'on ne se
proposait pas de suivre. Un principe sans lequel la société ne serait qu'une arène livrée à
tous les hasards, un jeu où le gain reviendrait
à la force ou à la ruse, c'est qu'un contrat ne
peut être annulé qu'au moyen d'un contrat
postérieur consenti par les parties, et il serait
trop commode qu'une loi pût annuler les droits
qu'une autre loi a proclamés, lorsqu'ils ont ét
l'origine de nouvelles transactions, la caus
de nouvelles existences.

Toutefois, une propriété, chez nous, peu
être prise, moyennant indemnité, par l'État
après qu'on a reconnu l'utilité publique. Mai

pour cela les formes sont indiquées, et évidemment il n'est permis d'admettre l'utilité
publique qu'alors qu'il importe d'entreprendre
une œuvre que l'État ou une fraction de l'État
seule est à même d'accomplir. Autrement, le
droit de propriété serait un mot, l'abolition de
la confiscation un mensonge. Autrefois, au nom
du *salut public*, on décimait les populations;
aujourd'hui, serait-il loisible de les dépouiller
en invoquant l'*utilité publique?* C'est cependant aux gouvernants de s'appliquer à accou-
tumer les nations au respect des droits, à la
sainteté des obligations.

En vérité, je répugne à discuter les motifs
présentés par le ministre des finances à l'appui
du projet de rachat des chemins de fer. Il le
faut pourtant; trop de personnes désirent encore voir réaliser cette mesure. Dire d'abord,
ainsi que le faisait le ministre, que la monarchie de juillet avait vu dans la confection ou
l'exploitation des chemins de fer par les compagnies, le moyen de s'entourer d'une com-
plaisante aristocratie, n'était-ce pas se rire du
bon sens public? Personne n'a encore oublié
le projet de loi soumis aux chambres par le
gouvernement en 1838, le rapport sur ce projet de M. Arago, et les discours de M. Garnier-
Pagès. Et quelle découverte que l'aristocratie

des actionnaires! Par malheur, la plus opulente des compagnies a fait connaître la division de ses actions, et l'on a vu jusqu'à quelle limite elle était poussée. Suivant ce document, huit années d'existence pour la compagnie d'Orléans, quatre années pour la compagnie du Centre, en ont amené les actions à un tel état de division, que les $^6/_{10}$ des actionnaires ne possèdent pas dix actions, et que le vingtième seulement des actionnaires du Centre, le quarantième de ceux d'Orléans possèdent deux cent une actions et au-dessus. Bonnes gens qui parlez d'une aristocratie en France, et constituée par la richesse mobilière! Décidément, les théories de M. Carnot ne manquaient pas absolument d'à-propos.

Des étrangers, en outre, sur la foi de la parole et de la signature de la France, ont confié leurs capitaux aux compagnies, en augmentant les ressources de notre pays et sa puissance; fallait-il les punir de s'être fiés à notre honneur? Une croisade européenne contre les *aristocrates*, c'est tentant sans doute; mais la banqueroute doit-elle aussi avoir son *çà ira?*

Que penser de même de l'abolition des compagnies et de la remise de leurs pouvoirs entr les mains de l'État, par crainte de leur tro grande complaisance, de leur tendance à la servilité? Il peut paraître beau d'entendre un gouvernement recommander la défiance envers lui-même; mais beaucoup pensent que des sociétés d'actionnaires ont pour le moins autant d'indépendance qu'un corps de fonctionnaires. On croit aussi que le propre d'un État libre c'est de ne s'attribuer que les fonctions qu'il peut seul remplir. Qu'est-ce enfin que l'association, sinon la figure industrielle de la fraternité, comme la concurrence l'image dans le travail de la liberté? Et l'association des petits capitaux pour réaliser de vastes entreprises, n'est-ce pas vraiment la forme démocratique de l'industrie?

Il aurait au moins été nécessaire au ministre de montrer que l'État est plus apte que les particuliers à diriger les chemins de fer. Il a oublié de traiter ce point, et la nouveauté de ses aperçus sur les autres le fait regretter. Pour vous renseigner, comparez les *rail-ways* anglais aux belges, soit pour la construction, soit pour l'exploitation; examinez le montant des dépenses et le temps exigé pour l'ouvrage accompli par l'État sur certaines de nos lignes, en y opposant ce qu'a coûté et duré l'ouvrage de même nature exécuté sur celles livrées aux compagnies. L'industrie en dehors de l'intérêt

privé n'est que du gaspillage; et comment un
fonctionnaire aurait-il jamais les mœurs du
travail? Nous possédons le corps d'ingénieurs
le plus savant du monde, et nos routes et nos
voies d'eau sont dans un état détestable, malgré l'énormité des sommes que nous y avons
appliquées. Si, comme l'a dit M. Duclerc,
alors ministre des finances, le régime républicain interdit l'existence des grandes compagnies, ce qu'on pouvait ignorer âprès l'exemple
des États-Unis, la République reviendra bien
cher et aura de bien mauvais chemins. Dans
la majorité des États de l'Union américaine,
on le sait, les chemins de fer, non-seulement
sont concédés à des compagnies, mais encore
ils le sont à perpétuité, comme dans l'aristo-
cratique Angleterre. Pour moi, je crois qu'un
des grands torts du gouvernement déchu, c'est
d'avoir autant restreint la concession de ces
chemins, et entre les premières mesures qu'aurait dû prendre, à mon sens, le gouvernement
provisoire, se trouve la prolongation des concessions pour tous les chemins qui étaient en
construction, à la condition par les compagnies d'employer plus d'ouvriers qu'elles ne le
faisaient, pendant un an.

Mais ce qui n'est pas le moins curieux, c'est
qu'on proposait le rachat des chemins de fer

comme une ressource financière, un expédient
de trésorerie. A prendre le projet de rachat tel
que l'a présenté le gouvernement, il aurait
fallu constituer· 22,300,000 francs de rentes
5 p. 100 pour indemniser les compagnies des
capitaux dépensés par elles, et trouver, en
outre, 935 millions pour exécuter les travaux
restant à faire à la charge de l'État et des compagnies. Comment aurait-on pourvu à ces dépenses? N'a-t-on nul embarras à fournir les
331 millions pour lesquels on est engagé dès à
présent? et ces 331 millions n'assurent-ils pas
suffisamment d'ouvrage aux gens que le gouvernement peut occuper? Charger les finances
d'aussi lourdes dettes, c'était, on l'avouera, un
singulier moyen d'en améliorer la situation.
Il est vrai que le pouvoir, dans le projet de
budget présenté plus tard par M. Duclerc, se
proposait de s'emparer de l'encaisse des compagnies, s'élevant à 45 millions, ainsi que de
leur matériel, malgré les lois précédentes, sans
rien débourser. Le ministre affirmait en outre,
en exposant l'ensemble de ce budget, que c'é-
tait le moment d'exproprier—c'était le terme
adopté — les compagnies, attendu qu'elles allaient maintenant faire de bonnes affaires. Dois-
je nommer cela de la franchise? mais alors
quelle naïve franchise! On offrait 22 millions de

rentes, et on portait au budget des recettes un revenu de 15 millions provenant, dès la première année, de l'exploitation des chemins de fer! Ici, on proposait 22 quand on aurait dû plus de 50, comme à la compagnie du Nord; là, 50 quand les produits étaient déjà de près de 93, comme pour la compagnie d'Orléans (1). Quelle idée ces ministres parvenus se faisaient-ils donc de la loi, du crédit, de l'honneur de la France? Le directoire fit banqueroute des deux tiers ; c'était à peu près le même expédient financier qu'ils proposaient de consacrer.

Depuis le vote de l'Assemblée nationale qui a repoussé cette indigne spoliation, l'État a repris le chemin de Lyon, moyennant 7 fr. 50 c. de rente par action soldée jusqu'à concurrence de 250 francs. Cela a forcé à créer une nouvelle rente en 5 p. 100 de 10 millions, au capital de 200 millions. La compagnie, je le sais, était à bout de ressources; mais j'aurais préféré qu'on lui fît des avances à la voir déposséder.

Au projet de rachat des chemins de fer se rattache celui d'expropriation des compagnies d'assurance contre l'incendie, réservé d'ailleurs à un pareil sort. Dans les deux cas, on

---

(1) *Voyez* les rapports présentés au nom des compagnies du Nord, d'Orléans, de Tours à Nantes.

suivait le même système d'administration , qui aboutissait au communisme. M. Duclerc a porté à l'augmentation des recettes de son budget, sous ce titre, 5 millions. Il oubliait seulement de dire si chacun serait tenu à la prévoyance et à la confiance dans l'État, dont les dettes et les engagements étaient ainsi respectés.

J'arrive maintenant aux mesures prises par rapport aux Banques. On sait les embarras que ressentit la Banque de France après la révolution. Son encaisse métallique diminuait par le retrait des dépôts, tant du fait du gouvernement que des particuliers ; du 26 février au 15 mars, le Trésor seul retira 77 millions. Les recettes, d'autre part, s'opéraient avec une extrême difficulté, et les billets se présentaient en foule au remboursement En dernier lieu, cinq bureaux ne suffisaient plus à les recevoir ; le 15 mars, il y eut à rembourser 10 millions. Cependant la Banque restait le seul établissement de crédit fonctionnant à Paris , je pourrais dire en France. Une mesure extraordinaire à son égard devenait indispensable. Le gouvernement avait, du reste, pour se guider, de nombreux exemples. Dans le siècle dernier et dans celui-ci, des crises redoutables ont éclaté sur les Banques.

La plus célèbre est celle que subit la Banque

d'Angleterre en 1797, par suite des bruits d'invasion et des emprunts multipliés du gouvernement. Un ordre du conseil, sur la demande de la Banque épuisée, suspendit alors ses payements en espèces. C'etait, du reste, ce qui était déjà arrivé à la Caisse d'escompte de Paris douze ans plus tôt, grâce aux prêts exagérés qu'elle avait faits à l'État. Pitt n'eut qu'à imiter Calonne. De 1797 à 1819 cependant, année où fut décidée la reprise des payements en numéraire, les billets de la Banque d'Angleterre, reçus par tous les négociants par suite d'un accord fait entre eux (car le gouvernement, en autorisant la Banque à ne plus rembourser ses billets, ne leur avait pas donné cours forcé), reçus aussi dans toutes les caisses publiques, circulèrent presque avec autant de facilité qu'auparavant. Pendant plusieurs années même, ils conservèrent complétement leur valeur. Leur dépréciation ne commença qu'après qu'on les eut trop multipliés, et encore n'atteignit-elle 30 p. 100 qu'un seul instant, l'émission n'ayant réellement jamais été par trop excessive.

En 1825, avant de penser à recourir au même moyen, la Banque d'Angleterre employa toutes ses ressources. Un certain samedi, rapporte lord Ashburton, il ne restait absolument rien dans sa caisse. Lord Liverpool et M. Huskisson, tous les deux ministres, refusèrent néanmoins l'autorisation que sollicitait la Banque. Le gouvernement, d'accord avec elle, résolut de remettre en usage un droit qu'elle avait depuis 1797, mais dont elle n'usait plus, celui d'émettre des billets d'une livre sterling. En moins d'un mois, ces billets accrurent de plus de 200 millions de francs la masse du papier en circulation. Le commerce, suffisamment pourvu, fut rassuré, les métaux précieux, repoussés du courant des affaires par cette masse de papier, affluèrent à la Banque, et la Banque fut sauvée. Avant la fin de 1826, ces billets étaient rentrés dans leurs précédentes limites (19,951,000 livr. sterl.).

La Banque de France elle-même peut offrir des exemples de situations exceptionnelles et de mesures extraordinaires. Le 23 septembre 1805, elle n'avait plus qu'un encaisse de 1,185,000 francs ; la quantité de ses billets était, au contraire, énorme, et la crainte régnait partout. On décida qu'elle n'échangerait des billets que pour 500,000 fr. par jour. La restriction commença en octobre ; la Banque s'appliqua en même temps à diminuer la quantité de son papier et à se procurer de l'argent ; le 25 janvier 1806, les remboursements puren être illimités. Le même expédient fut employé en 1814, du 18 janvier au 14 avril. Sans doute, un remboursement de 500,000 francs par jour est bien faible ; mais il suffit pour faire que le billet de banque ne devienne pas du papier-monnaie. La Banque d'Angleterre, au reste, avait, en 1745, lorsque l'armée du prétendant était déjà à Derby, usé d'un moyen à peu près semblable. En présence de demandes considérables, elle s'avisa, pour gagner du temps, de faire tous ses payements en pièces d'un schelling et d'un demi-schelling.

Aucun de ces exemples n'a servi au gouvernement provisoire ni au conseil de la Banque. Le 15 mars, pour la première fois depuis sa réorganisation, qui date de 1806, on l'a dispensée, sur sa demande, de rembourser ses billets, et on leur a donné cours forcé dans les transactions particulières. Nulle de ces deux mesures n'était indispensable au moment où elle ont été prises. La Banque, on l'a dit, a capitulé à la première sommation. Elle avait 60 millions d'espèces ; sa circulation en billets n'était que de 264 millions, quadruple environ de sa réserve ; son encaisse dans les départements était aussi élevé. Mais le cours des événements a montré depuis que la suspension des payements aurait été bientôt inévitable. La Banque s'est trop tôt effrayée ; mais l'incapacité du gouvernement l'a justifiée.

Ce qui doit être blâmé d'une façon absolue, c'est la prescription en vertu de laquelle ses billets ont reçu cours forcé. L'État n'a pas le droit d'imposer dans les transactions privées l'usage d'une monnaie toute fictive, de pure convention, alors surtout qu'il en détruit la garantie, qui réside seulement dans la faculté de l'échanger contre le numéraire métallique. Ç'a été, dès le premier jour, créer du papier-monnaie, nous ramener au plus mauvais temps de la révolution.

Le papier-monnaie, en effet, est toujours la cause, comme le péril, des plus grandes crises. Avec des chiffons, on croit faire de l'or ; mais c'est de l'or déprécié dès qu'il apparaît. On est ainsi amené, une fois engagé dans la voie du papier-monnaie, à en émettre chaque jour davantage, et plus on en émet, plus il baisse. Où il ne faut qu'une pièce quand il y en a deux, elles ne valent que ce qu'aurait valu une seule de ces pièces, écrivait, il y a déjà longtemps, un des plus grands économistes anglais. Que valaient les 45 milliards et demi d'assignats de la République ? J.-B. Say voyait vendre 600 francs une livre de beurre.

Le rouble de papier est tombé de 100 copecks à 25 ; le florin de papier ne représente, en Autriche, que la treizième partie du florin en argent. Et les lois ne font rien à cela, pas plus que les gages sur lesquels on tente d'appuyer une monnaie trop multipliée. Ni les décrets de la convention, ni la garantie des biens du clergé et des émigrés n'ont servi aux assignats. Tout à la fois, en présence du papier-monnaie, le capital circulant du pays, ne remplissant plus ses fonctions, s'exporte à l'étranger, et ce n'est pas durant les crises qu'il faut se défaire des métaux précieux, seules choses qui gardent alors leur valeur et soient reçues comme agents d'échange sur tous les marchés. De même, il ne peut plus y avoir de transactions qu'au comptant, les rapports des propriétaires et des fermiers, des créanciers et des débiteurs sont complétement troublés, la fortune de chacun est compromise quand l'étalon destiné à mesurer les valeurs, est soumis à des fluctuations incessantes et considérables. Le gouvernement lui-même ne tarde pas à ressentir les dangers d'un tel état de choses ; n'ayant plus pour faire face à ses dépenses, qui restent les mêmes, que des billets dépréciés, il est bientôt forcé à la banqueroute. Étudiez, pour vous convaincre de ces vérités, l'histoire du papier-monnaie en France sous Law et durant la révolution, aux États-Unis pendant la guerre de l'indépendance et en 1815, en Autriche en 1809, et en Suède, en Russie, au Brésil, à Buénos-Ayres. Il n'y a que l'Angleterre à laquelle il ait médiocrement fait de mal, comme je l'ai montré, et par suite des causes que j'ai indiquées, de 1797 à 1821.

Ce n'a pas été un des signes les moins frappants du désordre de nos idées et de notre ignorance économique, que de voir, à la fin de l'été, un comité de l'assemblée nationale proposer une émission de papier-monnaie de 2 milliards, sous forme de bons hypothécaires (1). De même que le but était insensé, tous les principes, toutes les données sur lesquelles on s'appuyait, étaient erronées. On voulait venir au secours de la propriété foncière, accablée, il est vrai, sous une dette hypothécaire énorme (de 12 milliards 544 millions (2)), dont l'intérêt absorbe près de la

---

(1) Ayant cours forcé et produisant un intérêt de 3 ½ au profit du Trésor.

(2) Chiffre du ministre des finances, d'après le relevé fait à l'occasion du projet de loi sur l'impôt sur les créances hypothécaires.

moitié de son revenu (1), et on ne réformait pas le régime des hypothèques, d'où provient le mal. On invoquait les souffrances des petits propriétaires, et on ne proposait de prêter qu'à ceux qui pourraient fournir une première hypothèque, c'est-à-dire seulement aux riches. Enfin on s'autorisait de l'exemple de la Pologne et de la Prusse, où circulent, grâce à l'excellence de la législation civile, des *lettres de gage* négociables par endossement et remboursables, et l'on demandait d'émettre des billets ayant cours forcé, et dont le remboursement ne fût pas possible. En apportant à la tribune un tel projet, le rapporteur du comité du crédit foncier s'écriait : Nous avons trouvé des mines d'or! On n'avait trouvé que le papier-monnaie, la pire des fausses monnaies; car c'est celle qui a le moins de valeur intrinsèque. Un des fondateurs de la République glorifiait, quelques jours avant la discussion de ce projet, le génie de Cambon, en proclamant la beauté du gouvernement par expédients; Cambon était dépassé. Il avait eu à pourvoir aux nécessités de la guerre intérieure

---

(1) Ce revenu est évalué à 2 milliards. 100, 200 ou 300 millions.

et extérieure, quand toutes les ressources étaient épuisées, et il avait cru, avec presque tous ses contemporains, donner un gage sérieux à son papier.

Du reste, l'idée des bons hypothécaires à cours forcé n'est pas neuve. Elle date de 93. C'est par ce moyen que le comité de législation d'alors assurait que « les Français devenus libres et opulents, pourraient dicter des lois au monde. » Plus tard, on le sait, quand les assignats n'eurent plus nulle valeur, on émit des cédules hypothécaires, et, on s'en souvient aussi, ce papier fut décrédité avant même de sortir des presses nationales. Qu'importe, en effet, une hypothèque à qui a besoin de monnaie, cette *marchandise divisible au point de se proportionner à toute espèce d'achat, et qui convient infailliblement au possesseur de la marchandise qui vous est actuellement nécessaire.* Et il n'y a que les gens qui font leurs embarras comme s'ils étaient de bons citoyens, ainsi que le disait Dupont de Nemours des inventeurs des assignats, qui puissent s'étonner que le Trésor ne se fasse pas prêteur quand ses caisses sont vides.

Si les billets de la Banque de France sont demeurés jusqu'à ce moment dans le commerce pour toute leur valeur, c'est que la quantité en est restée très-limitée, n'a pas dépassé les besoins de la circulation (1). Tant qu'ils ne pourront pas excéder 450 millions, comme cela a été fixé lors de la réunion des banques départementales, et qu'aucun billet ne pourra représenter une valeur inférieure à 100 francs, il n'y aura, je crois, nul péril sérieux à redouter. Mais au sein de l'amoindrissement des affaires, de la cessation absolue des transactions que nous subissons, le moindre excès d'émission entraînerait aussitôt la dépréciation du papier, et toutes les fortunes seraient remises en question.

On peut juger du vide qui s'est fait dans la circulation des valeurs commerciales, qu'il me soit permis ici de le remarquer, et par suite dans la production, en songeant que la Banque de France est, depuis le mois de février, le seul établissement qui ait continué l'escompte, et que la moyenne de son portefeuille a baissé de plus de 30 p. 100 par rapport à 1847. A Paris, il en est arrivé à être de 125 millions au-dessous de la moyenne de cette dernière

____

(1) Jusqu'à ce jour la circulation des billets de la Banque était communément de 240 à 260 millions à Paris, et de 9 à 10 millions dans ses comptoirs. La circulation des banques départementales était d'environ de 200 millions.

année qui avait été de 177 millions. Les lettres de change, les traites, les billets à ordre, les actions industrielles, les obligations hypothécaires, les titres de rentes et les bons du Trésor ont été frappés de dépréciation ou d'anéantissement. Il n'y a plus de marché pour les uns, a très-bien dit M. Léon Faucher, il n'y a plus d'escompte pour les autres; et il y a là une perte de plusieurs milliards pour la richesse nationale, et la preuve d'un affaiblissement extrême dans nos forces productives.

Ce ralentissement des escomptes de la Banque lui a permis de disposer, au profit du Trésor, d'une masse considérable de billets, et le Trésor a largement usé de la générosité, du dévouement de la Banque. Ç'a été d'abord un emprunt de 50 millions qu'elle a avancés, ainsi que je l'ai dit précédemment, contre des bons du Trésor; puis un autre de 30 millions, contracté sur dépôt d'inscriptions de rentes; enfin un troisième emprunt de 150 millions a encore été souscrit par la Banque dans le mois de juillet. Cela rappelle beaucoup les emprunts de Necker faits à la caisse d'escompte, qui nous ont amenés aux assignats, et l'administration financière du gouvernement autrichien pendant les guerres de l'empire, qui a eu pour résultat aussi le papier-monnaie. Ces trois emprunts successifs demandés à la Banque ne nous ont pas valu à nous le papier-monnaie, puisque nous l'avions déjà ; mais ils ont empêché que la Banque ne pût reprendre ses payements. Ils ont aussi trop lié la Banque, établissement de crédit commercial, au sort du pouvoir ; elle a une mission toute différente de celle de la Banque d'Angleterre, institution gouvernementale surtout.

L'emprunt de 150 millions, au reste, à fournir par moitié en 1848 et en 1849, est fait moyennant un intérêt de 4 p. 100, et sur un gage composé de 75 millions en titres de rentes appartenant à la caisse d'amortissement (1), et de forêts de l'État estimées aussi à 75 millions. Pour la première moitié de l'emprunt, la Banque sera remboursée par le Trésor en 1850, et pour la seconde moitié, par la vente des forêts qui lui sont données en gage, et qu'elle aliénera sous la condition que la perte qui résultera de cette aliénation sera supportée par le Trésor, ou que s'il y a bénéfice il lui profitera. Quelques personnes ont trouvé ces garanties exagérées ; c'est à tort. La Banque

---

(1) Ces titres ont été livrés pour les quatre cinquièmes de leur valeur seulement, conformément à l'ordonnance du 15 juin 1834.

est, je le répète, en cemoment l'établissement sur lequel repose entièrement le crédit industriel de la France; au prix des plus grands sacrifices, il faut la préserver de toute atteinte, de tout danger. C'est déjà bien assez de l'avoir autant engagée envers l'État.

Je ne discuterai pas longuement la transformation des banques départementales en comptoirs de la Banque de France. Après le cours forcé donné aux billets, et eu égard à la mauvaise organisation des banques parmi nous, on pouvait aisément prévoir qu'il en serait ainsi. Pour moi, partisan déclaré de la liberté industrielle sous toutes ses faces, j'aurais préféré que les Banques locales fussent maintenues, même telles qu'elles étaient, et qu'on eût établi, moyennant certaines conditions, une sorte de solidarité entre elles et la Banque de France, tant que leur papier aurait été papier-monnaie. Mais tout ce que le parti républicain de la veille a fait par rapport à l'industrie, a été marqué au coin du monopole et de l'extension des prérogatives du pouvoir. On proclamait la liberté en s'emparant de la tyrannie, en la préparant au moins.

C'est, toutefois, une idée fort répandue que l'État doit diriger le crédit. Je ne puis entreprendre ici d'exposer la théorie du crédit, je

3.

dirai seulement que les banques qui ont rendu le plus de services et présenté le plus de sécurité en Europe et dans le Nouveau-Monde, sont les banques les plus libres. A l'État revient le droit de battre monnaie, parce qu'il faut, autant qu'il est possible de l'obtenir, un étalon des valeurs toujours uniforme ; mais le papier ne saurait remplir ce rôle de la monnaie métallique.

En même temps que le gouvernement provisoire réunissait les banques départementales à la banque centrale, il créait, suivant constamment la pensée de tout remettre entre les mains de l'État, deux autres sortes d'institutions de crédit, destinées, les premières à faciliter l'escompte des valeurs commerciales, les secondes à faire des avances sur dépôt de marchandises.

Les comptoirs d'escompte, qui ne sont qu'une répétition de ce qui avait été fait en 1830, ont surtout pour but d'ajouter aux effets de commerce la troisième signature nécessaire pour qu'ils soient reçus à la Banque. Le capital de ces comptoirs a été fourni par le commerce, les villes où ils sont établis, et le gouvernement. Mais bien qu'un crédit de 66 millions ait été ouvert, en vue de ces comptoirs, au ministre des finances, sur le produit de l'impôt extraordinaire des 45 centimes, il n'avait été versé, au commencement de juin, que 7,373,000 francs, dont 4,475,000 francs seulement imputables sur l'impôt des 45 centimes. Ces versements ne sont encore que de 8,600,000 fr. Suivant pareillement un document officiel, les 57 comptoirs qui existaient en juin, au capital nominatif de 120 millions, n'avaient reçu que 23 millions des souscriptions qui leur avaient été faites, tant toutes les ressources sont épuisées. Aussi leurs services ont-ils été très-restreints en comparaison des besoins de l'industrie (1). Au milieu de l'effroyable tempête, ç'a été comme quelques faibles cordages jetés au bâtiment qui sombrait. Ils n'ont, en réalité, servi qu'à rendre un peu plus facile la liquidation des affaires, ils n'ont pu en assurer la reprise. En 1830, en même temps, du reste, qu'on élevait un comptoir d'escompte, on assistait les principales maisons de crédit, en relations déjà avec tout le commerce; en 1848,

---

(1) D'après le rapport fait par le directeur du comptoir d'escompte de Paris, en date du 31 août, le capital de ce comptoir s'élevait à un peu plus de 4 millions, dont 2 millions avaient été fournis par le Trésor. La somme des effets escomptés pendant le semestre échéant à cette date, était de 93 millions; les effets en souffrance se montaient à 1,400,000 fr.

on a refusé toute semblable assistance. Cela, en profitant à l'ordre, à la confiance et au travail, n'aurait pas fait le compte des théories socialistes auxquelles obéissait le gouvernement.

Quant aux magasins publics créés, sous la direction du ministre des finances, pour le dépôt des marchandises contre des récépissés transmissibles par endossement (1), ils ont été, à mon avis, beaucoup plus nuisibles qu'avantageux au commerce. L'idée d'entrepôts où l'on délivre des reconnaissances négociables comme les lettres de change, en retour des marchandises qu'on y apporte, est assurément excellente, et lorsqu'on a vu les docks de Londres, de Liverpool, de Southampton, on sait l'admirable parti qu'il est aisé d'en tirer. Mais quand on applique mal le meilleur principe, il produit de détestables effets, et c'est ce qui est arrivé. En ouvrant des entrepôts aux négociants pour les marchandises qu'ils avaient déjà emmagasinées, qu'a-t-on fait ? On a retiré à

---

(1) Transférant ainsi la propriété de la marchandise, ou engageant la marchandise à titre de nantissement pour des avances de fonds.—Ces récépissé ont été admissibles au comptoir d'escompte. La Banque elle-même a demandé à être autorisée à les accepter, sans l'intermédiaire du comptoir.

leurs créanciers le gage sur lequel ils comptaient, que la loi leur reconnaissait; on a ouvert une porte à la fraude (1). Et en annulant les engagements de la veille, n'a-t-on pas rendu impossibles ceux du lendemain? Les pertes qu'on impose aux créanciers atteignent surtout les débiteurs.

Les magasins de dépôt, ces sortes de monts-de-piété industriels, ont encore d'autres inconvénients signalés déjà par des hommes compétents. Les marchandises qui y sont reçues ne peuvent être retirées que contre des espèces ; avant que le propriétaire les vende, il faut donc qu'il soit en mesure de rembourser sa dette. Or les fonds avancés par les comptoirs d'escompte sont toujours absorbés par des dettes antérieures; car les prix d'estimation qu'on y fixe sont des prix de détresse, d'absolue nécessité, et il ne saurait en être autrement. Comment, dès lors, les négociants se liquideraient-ils à l'époque de l'échéance? En outre, comme le renouvellement des dépôts est impossible, il faut vendre ces marchandises à quelque cours que ce soit, afin que

---

(1) Cela n'a pas été réparé par le décret du 23 août, qui stipule seulement pour ceux qui prêtent sur les marchandises déjà déposées.

le comptoir rentre dans ses fonds. De là, perte pour ceux qui engagent, et concurrence ruineuse pour les produits restés dans le commerce. Voilà où on arrive quand l'on n'a pour se guider ni savoir ni expérience.

Il aurait été beaucoup plus profitable d'autoriser simplement, comme cela a lieu en Angleterre, les marchands à ouvrir des ventes publiques, à leur convenance quant au lieu, aux conditions, au moment. Car sous notre régime de liberté, il faut se munir de la permission de l'autorité à chaque mètre d'étoffe qu'on met à l'enchère. Mais cela n'aurait pas donné lieu à un décret d'apparat. Puis encore une fois, on ne visait qu'à étendre les attributions du pouvoir (1).

En m'occupant des mesures prises à l'égard de la Banque de France, j'ai indiqué les prêts qu'en avait obtenus le Trésor; je dois maintenant parler de l'emprunt de 177 millions, contracté en vertu du décret du 24 juillet. M. Goudchaux, alors ministre des finances,

_____

(1) C'est encore à cette préoccupation que cédait M. Tourret, ministre de l'agriculture et du commerce sous la présidence de M. Cavaignac, lorsqu'il demandait un crédit de 10 millions pour fonder une banque agricole dirigée par l'État. Voyez le beau et si profond discours prononcé à ce sujet par M. Fould dans son bureau.

présenta, en le proposant, à l'Assemblée nationale un exposé de la situation financière du
pays. Il estimait le déficit de l'exercice 1848 à
250 millions, et il n'y avait pour faire face à cet
excédant de dépenses que les 150 millions demandés à la Banque, dont la moitié seulement,
comme je l'ai dit, était payable cette année.
J'écrivais peu de temps auparavant : « Il n'y a
pas de remède à une situation aussi désastreuse
que la nôtre en dehors du crédit. Il est le levier
des grandes entreprises, il est le réparateur des
grands maux. Avec le crédit, l'Angleterre a pu
tenir tête à la révolution et au génie de Napo-
léon, les vaincre, les dominer. Mais il ne se
montre qu'où règne la confiance. Il faut donc se
préparer, par une administration digne, décidée
et habile, par l'affermissement de l'ordre, le
respect des engagements et de la propriété, à
l'emprunt. Ranimez la sécurité et offrez un intérêt assez fort aux capitaux pour tenter ceux
même de l'étranger, et vous serez maîtres de
la situation. Les financiers du gouvernement
provisoire, dont l'assurance n'a pour égale que
l'ignorance, appellent cela *passer sous les four-
ches caudines des capitalistes.* Soit ; mais il
faut s'y résigner, si l'on ne veut jeter la France
au gouffre de la misère. Il n'y a pas de milieu,
ou l'emprunt ou la banqueroute et la spolia-

tion Le choix est au gouvernement, et la reprise si subite des fonds, dès qu'il a été permis de compter un peu sur le bon vouloir du pouvoir, est la meilleure preuve qu'un emprunt serait possible. »

Une facilité exceptionnelle se présentait d'ailleurs pour l'emprunt. Sur celui de 250 millions adjugé en 1847, 83 millions seulement avaient été réalisés, et l'avance du dixième de garantie, déposé au Trésor, devait faire consentir aisément les prêteurs à reprendre les versements auxquels ils s'étaient engagés. Le nouvel emprunt fut en effet adjugé aux souscripteurs de celui de 1847, pour ce qu'il en restait à payer. Il fut négocié en rentes 5 p. 100, jouissance du 22 mars 1848, au prix nominal de 75 fr. 52 c. Mais, en réalité, en tenant compte des 7 fr. 52 c. représentant la remise des fonds déposés au Trésor en gage des versements de l'ancien emprunt; eu égard à la fois à l'avance des intérêts payés aux prêteurs, avance de six mois environ, un semestre de rente, soit 2 fr. 50 c., la négociation de l'emprunt n'a eu lieu qu'au prix de 65 fr. 50 c. Il est nécessaire de remonter aux plus mauvais jours de notre histoire financière, au delà de 1818, pour rencontrer de pareils chiffres. L'emprunt de 1831 fut négocié à

84 francs ; en 1844, le gouvernement émettait du 3 p. 100 à 84 fr. 75 c. Le 24 juillet, il a fallu payer l'administration, incapable et spoliatrice, des cinq mois précédents (1).

A l'Assemblée nationale, comme dans la presse, on a vivement attaqué la remise des fonds de garantie versés par les souscripteurs de l'emprunt de 1847. Cependant on demandait un service dont on ne pouvait se passer, on était bien obligé de se mettre en mesure de l'obtenir.

Une critique bien mieux fondée, et qu'on n'a pas faite, est celle que mérite le ministre d'alors pour avoir laissé, comme d'habitude, la souscription de l'emprunt à un prix nominal fixe, très-supérieur à celui qu'a reçu le Trésor. Il valait beaucoup mieux déclarer qu'on empruntait à 7 et 1/2 p. 100, que d'inscrire sur le grand-livre qu'on recevait 100 francs lorsqu'on n'en touchait réellement que 65. La loi de 1816, sur le taux de l'intérêt, n'en aurait

------

(1) Les versements de l'emprunt ont été fixés aux termes suivants : le 7 août 1848, 17 1/2 p. 100 ; le 20 septembre, 10 p. 100 ; le 20 octobre, 7 1/2 p. 100 ; le 20 novembre, 7 1/2 p. 100 ; le 20 décembre, 7 1/2 p. 100 ; le 20 janvier 1849, 7 1/2 p. 100 ; le 20 février, 7 1/2 p. 10 , le 20 mars, 10 p. 100 ; le 20 avril, 7 1/2 p. 100 ; le 20 mai, 7 1/2 p. 100 ; le 20 juin, 5 p. 100 ; le 20 juillet, 5 p. 100.

pas été plus violée du fait du gouvernement, ce qui montre ce que vaut cette loi, et après être revenu à la prospérité, il nous aurait été possible de rembourser notre dette en ne soldant que la somme qui a été payée. Si l'on agissait toujours de la sorte, les emprunts faits aux époques favorables, à des prix élevés, acquitteraient, au cas où les économies n'y suffiraient pas, les dettes contractées à des prix onéreux en temps d'inquiétude, de détresse. Un remède assuré serait constamment placé à côté du mal. Ces observations furent présentées à M. le duc de Richelieu, dès 1818, par un financier français, lorsque la maison Baring souscrivait un de nos emprunts à 67 francs. Le ministre était disposé à céder à ces conseils ; malheureusement il n'eut pas assez de volonté pour résister au célèbre banquier anglais, ou assez de courage pour inscrire au grand-livre un intérêt de 7, de 7 et demi ou de 8. Il se conforma à l'usage adopté, dont l'origine semble remonter à Pitt. Et grâce à cet usage, le Trésor français, pour les emprunts contractés seulement depuis 1816, paye les intérêts d'environ 600 millions qu'il n'a pas reçus, et qu'il devrait solder s'il tentait de s'acquitter.

Je terminerai l'examen des mesures de crédit prises depuis le 24 février, par quelques remarques sur la gestion des fonds de la caisse d'amortissement.

L'amortissement possédait, au 24 février, une dotatiou de 49 millions, et des rentes rachetées ou consolidées à son crédit pour la somme de 68 millions. La loi du 10 juin 1833, qui lui défendait de racheter les effets publics parvenus au-dessus du pair, avait alors restreint son action libératoire sur le seul fonds du 3 p. 100, et lui assurait, sous la monarchie, pendant l'exercice 1848, une réserve disponible de 84 millions. Cette réserve avait été affectée à solder jusqu'à concurrence de 25,816,000 francs le déficit probable du budget de 1847, et pour le surplus de 58,184,000 fr., à couvrir celui qui s'annonçait déjà sur le budget suivant et semblait ne réclamer que 48 millions.

Un des premiers actes du gouvernement provisoire a été de détruire la commission de surveillance chargée de garantir l'exécution de l'amortissement, dont le maintien cependant était alors si utile pour combattre énergiquement, selon d'ailleurs les prescriptions de la loi, la décroissance de la valeur vénale des rentes, en appliquant à leur rachat les fonds dont la caisse disposait. Mais il ne s'agissait plus de la loi, et l'on dilapidait la fortune de la France.

Une décision ministérielle ordonna, bientôt après cette mesure, sans aucun égard pour l'égalité des droits et la similitude de position de tous les rentiers, le rachat exceptionnel du 3 et du 4 p. 100, à l'exclusion du 5 et du 4 1/2. Un second arrêté, plus étrange et plus irrégulier encore, prescrivit d'amortir, au cours moyen de chaque bourse, avec le capital applicable chaque jour au 3 et au 4 p. 100, une portion équivalente des rentes des caisses d'épargne existant dans le portefeuille de la caisse des dépôts. Cette combinaison compliquée et à peu près inexplicable, a eu pour résultat de réaliser le gage des porteurs de livrets à des cours avilis, et de pratiquer, partiellement, sans publicité et sans concurrence, un amortissement occulte qui ne forçait pas l'administration des finances à se dessaisir, envers un acheteur sérieux, des espèces nécessaires au service des dépenses (1). Enfin, par une troisième détermination plus facile à comprendre, tous les fonds de l'amortissement ont été retirés au rachat de la dette inscrite et

---

(1) Cette opération a été pratiquée sur un capital de 11 millions représenté par 752,000 fr. de rentes 3 p. 100, et sur un capital de 738,000 fr. représenté par 57,000 fr. de rentes 4 p. 100.

exclusivement réservés aux nécessités de l'État, qui ont paru plus impérieuses que la foi promise aux créanciers du grand-livre.

Ainsi, la totalité des voies et moyens de l'amortissement, dit **M.** d'Audiffret, à qui j'ai emprunté les observations précédentes (1), est devenue disponible pour les autres besoins du budget, et se trouve désormais intégralement ménagée pour en couvrir le déficit. On a même continué, nonobstant l'interruption des rachats, à constituer à la caisse d'amortissement une dotation supplémentaire de 1 p. 100, calculé sur le capital au pair des nouvelles rentes créées par la République, et à la fortifier ainsi d'une augmentation de 13,818,000 francs (2).

Grâce à ce supplément ajouté aux fonds qui resteront disponibles sur ses ressources précé-

---

(1) *De la crise financière de* 1848, pages 56 et suiv.

(2) 1° Pour la consolidation des caisses d'épargne. 4,200,000

2° *Id.* des bons du Trésor. 4,680,000

3° Pour l'emprunt en 3 p. 100 renouvelé en 5 p. 100. 2,626,000

4° Pour le rachat du chemin de fer de Lyon. 2,000,000

5° Pour l'emprunt national. 270,000

6° Pour les fonds des tontines. 42,000

Ensemble. 13,818,000

dentes, sa réserve pour 1848 a été portée à 100 millions au moins. De la sorte, pendant que la dette inscrite s'accroît avec la décroissance du crédit, dit encore M. d'Audiffret, tous nos moyens de libération sont détournés de leur destination légale et réclamés par des exigences progressives.

CHAPITRE III.

Des mesures d'impôt.

Le 29 février, un acte officiel, signé de chacun des membres du gouvernement provisoire, portait : « Le gouvernement croit de son devoir le plus rigoureux de rappeler aux citoyens que tout système d'impôt ne saurait être décidé par un gouvernement provisoire ; qu'il appartient aux délégués de la nation tout entière de juger souverainement à cet égard ; que toute autre conduite impliquerait de sa part *la plus téméraire des usurpations.* » C'est, en effet, le plus ancien principe de notre droit public que l'impôt doit être consenti par les représentants du pays. C'est la base même des libertés de l'État. Le 7 mars, une autre proclamation du gouvernement provisoire s'exprimait ainsi : « Déjà le gouvernement provisoire a pourvu à tout. Il recherche avec activité les moyens de diminuer dans une large proportion les dépenses de l'État ; il a la certitude d'y parvenir ; le reste regarde les citoyens.....

Le gouvernement *n'exige d'eux aucun sacrifice extraordinaire*. Pour parer à ces difficultés financières que la prudence commande impérieusement de prévoir, une simple anticipation dans la rentrée de l'impôt suffira. Que tous les citoyens versent immédiatement et par anticipation dans les caisses du Trésor ce qui leur reste à payer sur les contributions de l'année, ou au moins les six premiers douzièmes, et *toutes les difficultés financières seront vaincues.* » En conséquence de cet appel, les versements des contribuables excédèrent de 24 millions, en mars, le douzième exigible.

Cependant le 16 de ce mois un décret du gouvernement provisoire, rendu sur le rapport de M. Garnier-Pagès, augmenta de 45 p. 100 les quatre contributions directes, en prenant pour base, non le principal de ces contributions, mais le montant intégral du rôle, sans égard aux différences résultant des centimes additionnels. Un impôt dont on attendait alors 191 millions (ce qui portait l'ensemble des contributions directes à 613 millions), et qu'on déclarait payable immédiatement, était ainsi établi par ordonnance, par voie d'arbitraire, contre ses propres engagements, et, pour la première fois depuis 89, frappait inégalement les diverses portions du territoire. Bientôt cette iné-

galité entre les communes fut étendue aux personnes, l'exécution du décret ayant été livrée
pour chacun au caprice des autorités locales.
Les considérants du décret n'étaient pas moins
étranges que son dispositif n'était tyrannique
et injuste. La propriété seule n'a pas souffert,
y disait on, de la crise née de la révolution,
elle doit, elle aussi, avoir ses charges. C'était
proclamer l'uniformité de la misère. Mais la
vérité, c'est qu'on avait besoin d'argent, et
dans les circonstances extraordinaires, la propriété foncière est accoutumée à se voir op-
primer.

Une oppresston trop forte est, toutefois, un
danger immense pour l'avenir aussi bien qu'un
grand malheur pour le présent, quand elle
porte sur la propriété territoriale, et ce danger, comme ce malheur, redouble, lorsque la
propriété a reçu la constitution qu'elle possède
en France. Dès que de trop lourdes charges,
en effet, pèsent sur le sol, l'agriculture dépé-
rit, des terres sortent de la culture, selon une
vieille maxime anglaise. Elles alimentent le
Trésor, mais en créant la disette. Et cela arrive d'autant plus vite que les possesseurs du
sol ont moins de ressources, moins d'avances,
par conséquent surtout lorsque le sol est très-
divisé, comme parmi nous.

4

Combien de ménagements méritent cependant les petits cultivateurs, les propriétaires de quelques arpents! Ils sont infatigables autant qu'ils sont dénués. A force de sueurs, de privations, chacun d'eux a acquis son champ, et il l'aime comme on aime son foyer. Il le travaille sous les feux du mois d'août, sous la gelée de décembre, sous les pluies de mars. Au lever du soleil, il y est déjà rendu, et il s'est effacé sous les nuages de l'ouest qu'il y remue encore la pioche ou la charrue. Quelle merveille que cette agriculture de France! Elle manque de capitaux, de savoir, d'utiles institutions, et elle avance sans cesse ; chaque jour, quelque morceau de lande est défriché, des marécages se dessèchent, des pacages vacants se limitent et s'ensemencent. C'est que le cultivateur, chez nous, est lié à la terre par tous ses souvenirs, par toutes ses espérances ; son champ, c'est plus que sa vie, c'est son honneur et l'avenir de sa famille. L'homme, comme le géant de la fable, double ses forces en touchant à la terre. Ah! ne surchargez pas les populations de nos campagnes, il n'y aurait pas assez de mépris, de malédictions, de haine dans nos cœurs pour vous vouer à l'infamie et vous châtier. Mettez le Trésor au pillage, livrez au scandale et au crime l'administration de votre pays, cherchez, autant qu'il est en vous, à le déshonorer, après en avoir usurpé le gouvernement dans votre imbécile vanité ; mais n'opprimez pas, ne détruisez pas la classe des paysans. Sans leur amour du travail et de l'ordre, leur moralité, leur dévouement à la patrie, où en serions-nous aujourd'hui ? A la parodie ignominieuse et sanglante de 93, entreprise sans dessein, conduite sans conviction.

La propriété est grevée, en France, de 12 milliards d'hypothèques ; nous sortions d'une année de disette, où les petits cultivateurs ont absorbé leurs économies ; les produits agricoles étaient sans cours sur le marché, ou avaient des cours abaissés de 30 p. 100, et l'on a augmenté de moitié la somme des impôts directs ! Vraiment, que souhaitait-on donc ? Est-ce une expropriation générale ou une révolte englobant le territoire entier ? Mais ceux qui ne savent pas les projets arrêtés avant la mesure des 45 centimes, au ministère des finances, peuvent seuls s'étonner d'autant d'imprudence et d'inhabileté. Que voulez-vous ! ç'a été une découverte pour les gouvernants d'alors, d'apprendre que les propriétaires fonciers de notre pays sont principalement des paysans, des ouvriers, forment le vrai peuple français.

L'impôt des 45 centimes a atteint surtout les campagnes, mais il a été aussi onéreux, impraticable souvent pour les villes. Ainsi, il s'élevait pour la seule ville de Bordeaux à plus de 1,500,000 francs. Comment aurait-il été possible de retirer tout à coup, comme on l'ordonnait, une pareille somme de la circulation de cette place de commerce, sans y causer une ruine générale ?

Cet impôt devait d'abord procurer 191 millions, ainsi que je l'ai dit, puis on n'en a estimé le produit qu'à 160 millions ; dans le projet du budget rectifié de 1848, il a été de nouveau porté à 191 millions ; le vote de l'assemblée l'y a maintenu pour cette somme. A la fin de décembre, il restait encore 29 millions à en recouvrer, et 66 millions demeuraient aussi dus sur l'impôt direct ordinaire. Que de souffrances, de privations dans ces chiffres ! — « Je voudrais pouvoir rendre ce pays heureux, et qu'éloigné d'ici, sans appui, sans crédit, l'herbe crût jusque dans ma cour, » disait un ministre de Louis XIV, en promenant ses regards, mouillés de larmes, sur la campagne de Versailles ; mais ce ministre, c'était Colbert !

Le gouvernement provisoire avait frappé la propriété, sous prétexte qu'elle ne souffrait pas assez dans la dépréciation générale des fortunes ; peu après , le **20** avril , il taxa les capitaux, sous prétexte qu'ils n'avaient encore rien perdu. Pour rendre apparemment le texte de ce dernier décret plus remarquable, on commençait par poser en principe que l'impôt proportionnel était injuste (1), et l'on terminait par établir un nouvel impôt proportionnel, qui devait fournir 100 millions. Il n'y a que les gens habiles pour tout dire et tout faire. Cet impôt sur les capitaux, c'est l'impôt de 1 p. 100 sur les créances hypothécaires. Il était d'ailleurs assis de la façon la plus incroyable ; on eût dit qu'il n'avait été imaginé que comme une prime à la fraude et aux procès. On sait que , malgré la sévérité des amendes qui étaient prescrites contre les emprunteurs qui ne déclareraient pas leurs dettes hypothécaires, à peu près nulle déclaration n'a été faite dans le délai fixé. A quoi sert donc de proclamer que l'impôt, proportionnel ou non , qu'on établit, est une iniquité?

Du reste, cet impôt sur les créances hypothécaires avait été décrété sans avoir même

______

(1) Le premier considérant s'exprimait ainsi : Avant la révolution l'impôt était proportionnel, donc il était injuste. Pour être réellement équitable , l'impôt doit être progressif.

4.

consulté l'administration de l'enregistrement. Il
est vrai que, précédemment, on avait bien aboli
l'impôt sur le sel sans en prévenir le ministre
des finances. Aussi, que d'erreurs ! On préten-
dait, par exemple, que la créance hypothécaire échappe à l'impôt; elle paye pourtant
1 p. 100 d'enregistrement, un droit d'hypothèque, les frais d'acte, le papier timbré de la
minute et de l'expédition, enfin 1/2 p. 100
de droit de quittance. En admettant que les
prêts aient trois ans de durée en moyenne,
c'est plus de 3/4 p. 100 de la valeur que la
créance hypothécaire paye annuellement. D'autre part, cet impôt, évalué d'abord à un produit de 100 millions, puis de 45, puis en dernier lieu de 20, avait une assiette trop étroite
pour fournir une ressource de quelque importance, et la plupart des débiteurs ne pouvaient
déjà payer à leurs prêteurs ni intérêts ni capital. Il aurait seulement, en définitive, empêché un grand nombre de contrats hypothécaires de se former à l'avenir, au détriment de
l'agriculture et de la trésorerie. On se proposait, en outre, de frapper ainsi une taxe sur
les capitaux ; mais une taxe mise sur le créancier est toujours soldée par le débiteur ; n'est-ce
pas celui-là qui fait la loi? Et si les intérêts
stipulés à l'avance n'avaient plus été acquittés,

si les contrats avaient été violés, qui aurait de nouveau prêté, sinon à des prix exorbitants? Or, combien de dettes existant déjà devront être renouvelées, surtout après une année aussi désastreuse? On avait voulu créer un impôt sur le revenu, il se trouvait que c'était une contribution sur le besoin, sur la dette, qu'on avait établie. Si, au lieu de s'appliquer à accabler la propriété foncière sous des charges nouvelles, on eût préparé la réforme de notre législation hypothécaire afin d'assurer de bonnes conditions de crédit à l'agriculture, on aurait rendu un immense service au pays, et, après les études faites, les projets proposés sur ce point, c'était une tâche facile. Par malheur, l'Assemblée nationale, en forçant le gouvernement à retirer l'impôt sur les créances hypothécaires, a négligé, elle aussi, de réaliser la réforme de cette partie de nos lois.

L'impôt dont je viens de parler avait encore d'autres torts que je ne puis passer sous silence. Non-seulement, il frappait les débiteurs qu'on assurait vouloir favoriser, et les obligeait à rendre publique leur gêne, non-seulement il était décrété dans une forme insolite, de bon plaisir, mais c'était de plus un impôt de privilége, de classe. Puisque, en effet, on se proposait d'atteindre les capitalistes, pourquoi ne taxer que les créanciers hypothécaires et non les rentiers, les commanditaires de l'industrie et du commerce? Pourquoi cette préférence pour les capitaux qui viennent au secours de la production agricole, la vraie mine de notre richesse? Et on ne frappait ainsi presque que les petits capitalistes; car la moyenne des prêts hypothécaires ne dépasse pas 300 fr.

Cette dernière considération me ramène, par son opposition, aux premiers mots du décret, à la substitution de l'impôt progressif à l'impôt proportionnel, dans laquelle, à vrai dire, consistait tout le programme financier du gouvernement provisoire. Je ne m'arrêterai pas à ce qu'il y avait d'inhabile, de funeste, à mettre en question un bouleversement aussi radical dans l'assiette des contributions et l'état des fortunes sans pouvoir rien résoudre. J'aborde tout de suite la question de principe.

En théorie pure, abstraction faite des difficultés pratiques, peut-être consentirais-je à admettre l'impôt progressif, mais encore à la condition seulement qu'il serait très-faible et unique, n'atteignant qu'une seule forme de la richesse. Autrement, il serait évidemment injuste et il serait impossible.

S'il y a effectivement plusieurs sortes de contributions, elles ne sauraient être toutes semblables, leur base n'étant pas constamment la même. Tant qu'il y aura un impôt foncier, par exemple, il devra rester proportionnel. Il atteint directement la richesse, le capital, sans s'inquiéter du possesseur; l'équité veut donc qu'il se mesure exactement à la matière imposable, que celle-ci appartienne en totalité à une seule personne ou qu'elle se divise entre plusieurs. Les impôts de consommation, compris dans le prix des denrées taxées, ne peuvent assurément non plus être progressifs, et ce sont aujourd'hui les grandes ressources des trésoreries. Avec des contributions diverses, l'impôt progressif ne peut, au plus, frapper que les objets de luxe, or une taxe somptuaire est toujours une détestable chose. Que produirait d'ailleurs une contribution sur le luxe à présent? En temps ordinaire même, il produirait fort peu de chose parmi nous, grâce au morcellement de nos fortunes, qui ne laisse guère aux plus favorisés que l'aisance. Pour l'année 1848, au reste, l'expérience a été faite. Il a fallu promptement renoncer, à Paris, aux taxes établies par le gouvernement provisoire sur les loyers dépassant 800 francs, les voitures, les chiens, les domestiques mâles, pour revenir aux droits d'octroi sur les denrées alimentaires. Et c'était, on en conviendra, assez singulier de prétendre favoriser les ouvriers en ordonnant des mesures destructives du luxe à Paris, où, sur 600 millions de produits annuels, 500 millions sont destinés à en satisfaire les jouissances. La première condition pour l'établissement de l'impôt progressif, je le répète, ce serait de ne taxer qu'une seule fois chacun, suivant le montant de sa fortune, estimée d'une façon ou d'autre.

Cet impôt, en outre, ne serait possible qu'à la condition d'être très-limité ; car, autrement, il empêcherait l'épargne, la formation des capitaux, l'accroissement des fortunes. Pour augmenter un moment, de la sorte, les recettes publiques, on tarirait la source qui seule peut les fournir : l'industrie, et, en empêchant l'extension du bien-être, les développements de la richesse, on détruirait la cause la plus vraie des progrès humains. Si, de fait, la progression dépassait un petit nombre de termes, il est facile de voir le point auquel l'impôt égalerait le revenu. L'impôt progressif ne peut donc être que très-faible et avoir au plus quatre ou cinq termes, sinon il amènerait presque aussitôt une ruine générale. Où il serait établi différemment, ce serait comme une révocation de l'édit de Nantes en permanence. L'augmentation des capitaux n'aurait plus lieu, ou, aussitôt qu'ils seraient formés, ils s'exporteraient à l'étranger ; toute richesse, toute capacité, toute industrie disparaîtraient.

Ces deux conditions de l'impôt progressif, pour qu'il soit applicable, montrent qu'il ne serait possible au plus que chez un peuple dans l'enfance, où les besoins de l'État sont peu nombreux, ou au sein d'un pays où les fonctions du pouvoir se résumeraient à peu près dans le laisser-faire et le laisser-passer économiques. Dans notre société, ce ne serait qu'un mauvais plagiat de 93, un souvenir de Babeuf et de l'école saint-simonienne, qui y voyaient un moyen d'abolir la propriété.

Tout ce que je viens de dire des funestes effets de l'impôt progressif sur l'industrie, l'accumulation des capitaux, peut se répéter de l'impôt sur le revenu. Ce dernier impôt n'a, du reste, jamais rendu quelque chose que dans la Grande-Bretagne, le pays de la richesse, où il fut institué au commencement de ce siècle, sous le nom de *property-tax*, et rétabli, par le dernier ministère de Robert Peel, après une interruption de près de trente années, sous le nom d'*income-tax*. Mais on y a compris que, pour n'être pas un énorme préjudice, il devait être très-modéré, et on l'a rendu fixe. Aussi le gouvernement anglais, qui avait l'intention , en 1848, de le porter de 3 1/2 à 5 p. 100, a-t-il été obligé de renoncer à cette aggravation par suite de l'opposition de toute la nation, opposition qui a été surtout violente de la part des classes laborieuses des villes manufacturières. Les ouvriers ont très-bien aperçu que chaque écu que prélève le fisc est perdu pour la consommation , le travail , le salaire. Et qui ne se rappelle encore les excès populaires au moment de l'abolition de la *property-tax?* Pour moi, je préfère les taxes sur les denrées les plus nécessaires à la vie, je les crois beaucoup moins dommageables au plus grand nombre, qu'un impôt qui enlève aux riches le moyen de faire travailler. L'impôt sur le revenu pourrait procurer à son auteur encore ; sans doute, les applaudissements d'une foule ignorante, mais il tendra toujours à faire du peuple des travailleurs un peuple de mendiants. Cela se réaliserait promptement, surtout dans un État comme le nôtre, où les revenus sont si modiques. Par cette cause encore, que produirait-il en France? On l'a dit ; si, en France, on exemptait, comme évidemment on y serait obligé, les revenus de 3,000 francs et au-dessous, et qu'on restât dans de justes limites, en laissant subsister les autres contributions, on peut affirmer que l'impôt sur le revenu, fixe ou progressif, ne rapporterait pas 50 millions par an, et je parle des temps prospères ; dans ce moment d'appauvrissement général, qu'en espérer sans d'immenses malheurs ?

Tout ensemble, une pareille contribution, si défectueuse qu'elle soit, peut à toute force se concevoir chez un peuple où le sol est exempt de taxes immobilières, et où les fortunes industrielles sont peu atteintes par les impôts de consommation, ainsi que cela a lieu en Angleterre ; mais il en est bien différemment dans notre pays. Chaque élément de notre richesse, mobilière ou foncière, est déjà atteint par notre système d'impôts si divers, si changeant, si multiplié, et la contribution personnelle et mobilière frappe dès aujourd'hui l'ensemble des revenus de chacun de nous.

Revenir enfin à un impôt d'arbitrage, d'estimation, où la règle disparaît, où le caprice seul se montre, ce ne serait pas seulement retourner aux usages des sociétés barbares, ce serait, chez nous au moins, tenter l'impossible, préparer la révolte. Souvenez-vous de l'agitation publique qui a eu lieu lors du dernier recensement, et pourtant il n'y avait rien là d'aussi arbitraire, et l'on n'innovait pas.

C'est le grand avantage de l'impôt direct d'éviter l'inquisition et à la fois de laisser libre l'activité humaine, de n'atteindre la richesse que lorsqu'elle est consolidée. Il ne se propose pas uniquement de ne pas détruire les capitaux, il prend garde aussi de ne pas les empêcher de se former; il ne frappe pas l'industrie dans ses efforts pour augmenter la richesse sociale, il ne détruit pas l'esprit spéculatif sans lequel il n'y a ni travail ni prospérité. Et l'expérience prouve qu'au sein des sociétés où les dépenses publiques sont très-élevées, il n'y a rien à attendre des contributions qui ne sont pas ou de consommation ou directes. Tenter de sortir de cette double voie pour accroître les recettes du Trésor, surtout dans des temps de crise, c'est engendrer beaucoup de perturbation, beaucoup d'inquiétude, beaucoup de malheurs, et se procurer peu de ressources. L'épreuve de l'impôt sur le revenu, au reste, souvent renouvelée sous l'ancienne monarchie, a été faite encore, et sous toutes les formes, de 1791 à 1806, et elle a toujours été désastreuse pour la fortune de la France. M Goudchaux, qui, durant son second ministère, a proposé de rétablir cette contribution, évaluait le produit à en attendre à 60 millions, chiffre pris déjà pour base du même impôt en 1797. La commission de l'Assemblée, après avoir eu la sagesse d'en faire un impôt de répartition d'un impôt de quotité, comme le voulait si inconsidérément le pouvoir (1), n'en a porté le revenu qu'à 45 millions. C'était assurément beaucoup trop encore. Supposez 45 millions enlevés sur les revenus les plus élevés en ce moment, et dites si le cours des affaires ne serait pas profondément modifié, si le travail, la vie des masses n'en éprouveraient pas un notable dommage. La commission avait fait aussi un autre changement au projet du gouvernement que celui que je viens d'indiquer, et non moins important. M. Goudchaux, estimant l'ensemble des revenus mobiliers de la France à 3 milliards 716 millions (2) (d'après quelles bases?), avait proposé de fixer l'impôt à 2 p. 100, ce qui eût donné, ainsi que je l'ai dit, 60 millions. La

---

(1) En prenant pour base l'impôt personnel et mobilier, et celui des portes et fenêtres.

(2) Composées de : 1º 1,066,000,000, bénéfices réalisés par les fermiers dans l'exploitation agricole ;

2º 1,100,000,000, profits obtenus par le commerce et l'industrie, déduction faite de toutes les charges ;

3º 1,550,000,000, produit des offices ministériels, des professions libérales, pensions, traitements et salaires publics et particuliers, rentes, dividendes et intérêts des créances.

commission, frappée de la charge déjà si lourde de la contribution foncière, demandait que les revenus agricoles, les bénéfices des fermiers aussi bien que la rente des propriéfaires, fussent exemptés du nouvel impôt. Mais afin de n'en pas diminuer le produit, et s'en tenant à l'évaluation du gouvernement qui considérait les bénéfices provenant de l'agriculture comme s'élevant au tiers des revenus qu'on voulait atteindre, elle demandait que la taxe fût portée de 2 à 3 p. 100 sur les bénéfices du commerce et de l'industrie. La chambre de commerce de Lille, dans un excellent rapport sur cette question, a fait remarquer ce qu'il y avait d'étrange et d'injuste à frapper de préférence ceux qui payent déjà l'impôt de la patente, tarifé lui-même selon l'importance de l'entreprise. Elle a aussi très-bien montré les difficultés d'une estimation de pareils revenus. Le commerçant et le manufacturier ne connaissent eux-mêmes, en effet, leurs gains qu'après leur inventaire, la rentrée de leurs créances et la réalisation de leurs marchandises. Et qui fait des gains en ce moment dans le monde de l'industrie? Parcourez ces comptoirs déserts, ces usines arrêtées ; la ruine est partout. Pour maintenir quelques ateliers en activité, l'État est obligé encore de faire des sa-

crifices, d'accorder des primes de sortie. N'a-
percevez-vous pas aussi combien d'excitation
à la fraude, au mensonge, se trouverait dans une
pareille mesure. L'industriel, dans une position
embarrassée, est toujours ruiné s'il la dévoile,
et s'il la dissimulait alors, il se soumettrait à de
nouvelles charges. Aussi le ministre actuel des
finances, l'honorable M. Passy, a-t-il eu grande
raison de retirer le projet de ce nouvel impôt.

En même temps qu'il proposait un impôt sur
le revenu, le gouvernement, par l'organe encore de M. Goudchaux, demandait aussi une
modification dans l'assiette des droits qui grèvent les successions et les donations, et sur ce
point il abordait résolûment l'idée de l'impôt
progressif. Selon ce projet, les successions en
ligne directe, dont l'actif est inférieur à 500 fr.,
et les libéralités de même valeur faites entre
époux, à cause de mort, étaient exemptes de
toute taxe, sans qu'on s'inquiétât de la fortune
de l'héritier ou du donataire. Pour les autres
transmissions de biens meubles et immeubles,
en propriété ou usufruit, qui s'effectuent par
décès ou donation entre-vifs, les droits d'enregistrement étaient fixés suivant les lignes, les
degrés de parenté, entre lesquels elles s'opè-
rent, et d'après la valeur des biens. Ce tarif
vaut la peine d'être rapporté.

En ligne directe, pour les successions ou donations, considérées toujours comme des successions anticipées, dont l'actif s'élève, savoir : de 501 à 10,000 fr., le droit était de 1 p. 100 ; de 10,001 à 50,000 fr., 1 1/2 p. 100 ; de 50,001 à 100,000 fr., 2 p. 100 ; de 100,001 à 500,000 fr., 2 1/2 p. 100 ; de 150,001 à 600,000 fr., 3 1/2 p. 100 ; de 600,001 à 1,000,000 de fr., 5 p. 100 ; de 1,000,001 fr. et au-dessus, 6 p. 100.

Entre époux, pour les libéralités à cause de mort : de 501 à 10,000 fr., 3 p. 100 ; de 10,001 à 50,000 fr., 3 1/2 p. 100 ; de 50,001 à 100,000 fr., 4 p. 100 ; de 101,001 à 150,000 fr., 4 1/2 p. 100 ; de 150,001 à 600,000 fr., 5 1/2 p. 100 ; de 600,001 à 1,000,000 de francs, 6 p. 100 ; de 1,000,001 fr. et au-dessus, 7 p. 100.

Entre frères et sœurs, oncles et tantes, neveux et nièces, et frères ou sœurs du défunt venant à la succession en vertu du droit de représentation : de 10.000 fr. et au-dessous, 6 p. 100 ; de 10,001 à 50,000 fr., 7 p. 100 ; de 50,001 à 100,000 fr., 8 p. 100 ; de 100,001 à 150,000 fr., 9 p. 100 ; de 150,001 à 600,000 fr., 10 p. 100 ; de 600.001 à 1,000,000 de francs, 12 p. 100 ; de 1,000,001 fr. et au-dessus, 14 p. 100.

Entre toutes autres personnes : de 10,000 fr. et au-dessous, 11 p 100 ; de 10,001 à 50,000 fr., 12 p. 100 ; de 50,001 à 100,000 fr., 13 p. 100 ; de 100,001 à 150,000 fr., 14 p. 100 ; de 150,001 à 600,000 fr., 16 p. 100 ; de 600,001 fr. à 1,000,000 de fr., 18 p. 100 ; de 1,000,001 fr. et au-dessus , 20 p. 100.

C'est le pas le plus hardi qu'on ait fait, ou au moins tenté de faire vers les doctrines anti-sociales du communisme. Sans détour, sans ménagement, on attaquait là le capital, le fonds sur lequel travaille la société, et non passagèrement, mais chaque jour, constamment, à mesure qu'il se forme. Le seul principe incontesté cependant en matière d'impôt, c'est qu'on ne doit exiger qu'une portion du revenu, n'attaquer jamais le capital, instrument essentiel de la production des richesses. Or ce n'est pas évidemment au revenu qu'on s'en prenait ; le produit de l'héritage aurait été insuffisant pour acquitter les droits proposés.

Il ne faut pas cesser pourtant de le redire ; il n'y a de bien-être général possible qu'autant que le capital est considérable, relativement à la population. Aussi un gouvernement éclairé, vraiment ami du peuple, s'applique-t-il à encourager la capitalisation de la richesse acquise , loin de l'empêcher. Où en arriverait une société qui , chaque année, verrait engloutir dans les coffres du Trésor, d'où jamais rien n'est restitué, une notable partie du principe, de l'élément de sa fortune? A la misère la plus complète et à la plus prompte décadence. Les capitaux étrangers s'en éloigneraient, les capitaux indigènes ou seraient détruits ou s'expatrieraient.

Sans doute, l'impôt sur les successions comme sur les donations est juste, puisque la propriété doit payer les services de garde de la société; mais c'est à la condition qu'il soit assez modéré pour n'atteindre que la rente, les intérêts de l'héritage transmis. Qui donnerait le fonds de son patrimoine pour qu'on le surveillât? « Les biens acquis par succession, disait M. Goudchaux dans son exposé des motifs, ne sont point le fruit du travail et de l'intelligence de celui qui les recueille; il les doit au hasard de la naissance, au bonheur, parfois même au caprice des affections privées. » Quelles étranges paroles dans la bouche d'un ministre, et quelle ignorance! L'héritage, n'est-ce pas le lien, la condition matérielle de la famille, la condition même de la propriété, sans laquelle il n'y a nul État, nulle civilisation possible? Il faut donc, avant tout, le protéger, le garantir, le sauvegarder. Bien insensés ou coupables sont ceux qui le condamnent. Et que dire quand ce sont des ministres ? Quoi ! vous n'avez réfléchi sur rien, vous ne comprenez le jeu d'aucun des ressorts qui font mouvoir les hommes et les peuples, et vous prétendez les diriger, vous vous arrogez leur gouvernement ! Si le père sait que son labeur et son épargne ne profiteront pas à son fils, ne renoncera-t-il pas au travail et à l'économie ? et pour avoir voulu abolir les *hasards de la naissance*, vous aurez engendré l'oisiveté et la dissipation. Soyez-en sûr, d'ailleurs, au milieu du mouvement incessant des fortunes, celui-là seul qui le mérite acquiert aujourd'hui un patrimoine, celui-là seul qui le mérite le conserve. Si la loi civile proclame le droit de succession, c'est la loi naturelle qui l'établit (1).

L'embarras du Trésor n'autorise pas à faire argent de tout, d'autant qu'on risquerait beaucoup ainsi de ne pas atteindre son but. Comment, par exemple, ne pas prévoir des fraudes sans nombre, lorsqu'on propose d'augmenter de 30 à 36 millions une perception qui ne s'élève pas annuellement à 50 millions, et donne déjà lieu à tant de détournements, à tant de

---

(1) Le plus curieux, c'est que le ministre qui se faisait dans ce projet l'apôtre du socialisme, croyait le combattre ; mais dans son premier discours à l'Assemblée nationale, n'avait-il pas dit, en repoussant l'organisation du travail : *Il faut l'organisation du crédit ?*

violations de la loi? Une libéralité, au lieu de se faire en une fois, se ferait, sous le tarif que j'ai rapporté, en deux et trois fois (1) ; une donation, un partage entre-vifs, prendraient la forme d'une vente, et que sais-je? Un collatéral se résoudrait-il à payer 12 p. 100, soit 72,000 francs, si la succession qu'il recueillait s'élevait à 600,001 francs, tandis qu'il ne devrait que 10 p. 100, ou 60,000 francs, si elle n'était que de 600,000 francs ? Un étranger ne déguiserait-il pas cette augmentation de 1 franc pour échapper à une surtaxe de 12,000 francs? Et pensez à ce qu'apporte dans les mœurs, dans la vie d'un peuple, l'usage de la fraude, de la contravention à la loi.

Des droits exagérés sur les transmissions héréditaires auraient un autre inconvénient, et énorme au sein de notre organisation sociale. Il serait inévitable que le père, l'aïeul, le parent, l'ami, voulussent s'assurer, de leur vivant, que leurs biens iraient, sans trop diminuer, aux mains du fils, du descendant, de l'ami, et de là des démembrements incessants des fortunes, quand elles sont déjà si divisées. Pour les capitaux aussi, l'union fait la force, et il im-

---

(1) Dans le projet de loi, la part de chaque cohéritier ou légataire était considérée comme une succession distincte.

porte, dois-je le dire, aux nations qu'ils puissent le plus utilement s'employer. C'est à l'habitude des chefs de famille de conserver, en Belgique, la plus grande partie de leur avoir jusqu'à leur mort, qu'on attribue pour beaucoup la prospérité de ce pays. Tandis que le père y use de sa fortune suivant l'expérience qu'il a acquise, le fils y est obligé à prendre les coutumes du travail et de l'économie. Enfin, avec des droits exorbitants sur la transmission des patrimoines, n'y aurait-il nulle inquiétude à avoir, nulle lésion à craindre pour les créanciers? Et le crédit est-il donc dans de si bonnes conditions, en avons-nous si peu besoin qu'il faille ainsi l'attaquer?

Ce qui n'est pas non plus le moins remarquable, c'est qu'on proposait de débuter dans l'application du principe progressif de l'impôt par celui qui peut le moins y être soumis. D'une part, en effet, l'impôt sur les successions et les donations est calculé, non sur le chiffre de la fortune totale de celui qui les recueille, chiffre qui, étant l'unique mesure de l'aisance, pourrait seul former la base de la progression, mais sur le chiffre de la succession ou de la donation même, qui peut échoir à un homme plus ou moins riche, plus ou moins pauvre. D'autre part, il est perçu, pour éviter les fraudes, non pas sur l'actif net, mais sur l'actif brut, sans déduction des dettes ni dès charges, de telle sorte que la surtaxe progressive aurait souvent pour base une non-valeur.

Aussi la commission nommée par l'Assemblée nationale pour faire un rapport sur ce projet d'impôt a-t-elle rejeté la progression arbitraire et féconde en anomalies du gouvernement, et a-t-elle proposé un tarif proportionnel. En calculant par prévision le résultat de son tarif sur les recettes de 1846, la commission trouvait une augmentation possible de 19 millions. Les successions ont produit, en 1846, 35 millions 1/2, les donations près de 10 millions ; elles auraient donné, d'après le tarif proposé : les successions, 52 millions 1/2, les donations, 12 millions. J'avoue, pour moi, que je n'aurais pu approuver, dans ce temps surtout, une telle augmentation. Croit-on que le capital des héritages n'eût pas été ainsi vraiment attaqué, et que cela n'eût pas multiplié les fraudes? L'impôt sur les successions et les donations est assurément déjà assez élevé.

C'est toujours, du reste, une mesure très-grave, une difficulté immense que d'établir de nouveaux impôts. Non-seulement, dus à des circonstances critiques, ils grèvent des personnes déjà dans la gêne, mais encore ils sont

presque toujours iniques et viennent se heur-
ter contre des impossibilités. Le meilleur remède pour les peuples dans la détresse, c'est
le crédit, quand ce ne peut être l'économie.
D'ailleurs, d'où venaient, d'où viennent encore
les besoins du Trésor? de l'incapacité des hommes qui l'ont géré et de la dilapidation à laquelle il a été soumis. Comment! les dettes de
l'État n'ont pas été payées, des emprunts considérables ont été réalisés, les ressources de
l'amortissement ont été accaparées, des impôts
énormes ont été prélevés, et le déficit, un déficit
effrayant, est au Trésor! Ah! nobles hommes
d'État, vous avez eu raison de vous tresser
des couronnes : votre œuvre est peu commune.

Un autre projet d'impôt, qui se rattache à
celui dont je viens de parler, a été aussi présenté vers la même époque : je veux parler de
la taxe annuelle que le gouvernement a demandé d'établir sur les biens immeubles de
mainmorte, comme représentatif des droits de
transmission entre vifs et par décès, que n'acquittent pas et ne peuvent acquitter ces biens,
si ce n'est en cas d'aliénation. De tous les nouveaux impôts proposés, c'est celui que j'accor-
derais le plus volontiers. Les biens de mainmorte ne fournissent pas aujourd'hui au Trésor
le tiers de ce que produisent les autres biens

Et placés entre les mains de corporations dont aucun membre ne ressent les stimulants de l'intérêt privé, ils restent dans une infériorité de production telle que, représentant près de 5 millions d'hectares ou le dixième des propriétés imposables de la France, ils ne donnent cependant qu'un revenu de 64 millions environ, soit, calcule-t-on, le trente et unième du revenu général. La taxe annuelle à percevoir sur les biens de main morte doit être de 5 p. 100 du revenu, taxe un peu moins élevée que le montant des droits de mutation qui grèvent les biens des particuliers. Le revenu de ces biens étant estimé à 64 millions, l'impôt rendrait donc plus de 3 millions ; mais il faudra en distraire l'augmentation de secours qu'il sera nécessaire d'accorder aux établissements subventionnés.

Telles sont les propositions de nouvelles taxes qui ont été faites depuis le 24 février. Mais quelques mesures d'une nature différente ont aussi été prises par rapport aux contributions depuis lors ; j'ai maintenant à en parler.

Ainsi le gouvernement provisoire avait aboli l'impôt sur le sel à partir seulement de 1849, et, dès la promulgation de ses décrets la taxe du timbre sur les journaux, qui produisait 3,500,000 fr. environ, et l'exercice sur les boissons qu'il a fallu bientôt rétablir. Ce qui a donné lieu à ce fait étrange, d'un ministre votant contre son œuvre le lendemain du jour où il l'avait soutenue (1).

L'exercice est fort antipopulaire, je le sais, et pourtant il préjudicie réellement peu au peuple. En 1830 déjà, il fut diminué, et qui a bénéficié de ce dégrèvement, à part les cabaretiers (2)? Il y aurait de grandes et utiles réformes à faire dans notre système de contributions indirectes, entre lesquelles l'exercice aurait sa place; mais, pris isolément, je le répète, il a un très-médiocre intérêt.

Il en est autrement de l'impôt du sel. La nourriture de tous, du pauvre surtout, a besoin de cet aliment, l'agriculture de cet engrais, et l'assiette de l'impôt du sel est inique puisqu'il a la forme d'une capitation. Mais ce n'est pas une raison pour faire de l'abolition de cette taxe une manœuvre électorale, comme le gouvernement provisoire avant l'élection de l'Assemblée nationale, et le ministère du général Cavaignac avant l'élection du président.

---

(1) Séance du 21 juin.
(2) Le gouvernement provisoire avait remplacé l'exercice par un impôt sur les propriétaires, estimant que ce dernier rendrait 16 millions de moins que l'autre.

J'avoue qu'en face du déficit énorme qui était dans les caisses du Trésor, j'en aurais encore ajourné la réduction des deux tiers votée à la fin de 1848. Je n'aurais pas osé détruire cette ressource. Mais, si mes renseignements sont exacts, la consommation du sel a tellement augmenté depuis le 1er janvier, surtout dans les départements de l'Est, que le dommage causé au Trésor par la diminution de cet impôt sera peu considérable.

En même temps que l'impôt du sel a été réduit des deux tiers, la taxe des lettres est devenue uniforme pour toute la France, et n'a plus été que de 20 centimes. Cette réforme était depuis longtemps, comme la précédente d'ailleurs, à l'étude. Le gouvernement déchu avait pris même l'engagement de l'accomplir. Pour moi, je la souhaitais ardemment, et je ne pense pas que la perte qui en résultera pour le Trésor soit aussi forte qu'on l'a dit. Seulement, il est vrai, le plus pressé, le plus utile, c'est de rétablir nos finances, et les charges qui pèsent le moins sur la population sont celles qu'elle est accoutumée à acquitter. Je n'ajouterai qu'une remarque, c'est qu'on répare aussi ses finances en diminuant ses dépenses.

Ne m'arrêtant qu'aux points principaux, je passe sous silence les mille mesures ou projets dont l'effet a été ou aurait été de détruire d'anciennes ressources ou d'ajouter de nouvelles charges. Je ne dirai rien non plus des dépenses du gouvernement provisoire, dont il n'a pas rendu compte, dont il est incroyable que l'Assemblée nationale ne l'ait pas forcé à rendre compte. Il y aurait eu là au moins un grand enseignement, s'il y avait eu aussi une profonde honte. Ce n'est pas suffisant de savoir que l'administration du directoire a été dépassée, et que tant que ce gouvernement a duré, il a pris au Trésor, chaque jour, plus de 2,500,000 fr. en sus des dépenses ordinaires (1).

---

(1) Le 24 février, le solde au Trésor en numéraire et à la Banque était de. . . . . 135,000,000 fr.
Dans le mois de mars, l'anticipation des payements sur les contributions directes a produit en sus du douzième exigible. . . . 24,000,000
Le 30 mars, la Banque a prêté au Trésor. . 50,000,000

209,000,000

Le 4 mai le solde du Trésor à la Banque était de. 22,000,000
Le numéraire en caisse. . . 10,000,000 } 32,000,000
Ainsi l'excédant des ressources sur les dépenses ordinaires s'est élevé en 71 jours à. . 177,000,000
Soit par jour à. 2,500,000

A cela il faut ajouter les fonds pris aux tontines, à la ville de Paris, aux communes, etc. — Du 27 octobre au 4 novembre, l'excédant des dépenses sur les recettes a encore été de près

Mais il est deux branches des services publics, deux chapitres des dépenses générales, sur lesquels je ne puis m'empêcher d'appeler un instant l'attention.

Il y avait assurément tout lieu d'espérer, après le 24 février, une diminution depuis longtemps réclamée dans les emplois conférées par l'État. L'opposition, pendant dix-sept ans, en avait constamment attaqué le trop grand nombre. Parvenue aux affaires, on devait croire qu'elle s'appliquerait à détruire cet abus. Elle n'a visé au contraire qu'à l'accroître. On économisera du premier coup cependant 100 millions sur le budget, quand on le voudra, par la suppression des fonctions ou des fonctionnaires les plus inutiles. Ces 100 millions sont une perte sèche pour le pays, et s'ils s'ajoutaient chaque année au capital national, si ces milliers de fonctionnaires vivaient de la vie du travail au lieu de demeurer dans l'oisiveté ou de remplir des emplois absolument improductifs, combien la richesse, la prospérité, les lumières de la France s'augmenteraient! Mais pour cela, il faudrait renoncer au

---

de 2 millions par jour, et il a suffi d'un avertissement du ministre des finances pour que cela cessât ! (Compte rendu de M. Trouvé-Chauvel. *Moniteur* du 20 décembre).

système de centralisation excessive qui nous opprime et nous énerve, en entrant dans le régime véritable, réel de la liberté. La marche des idées, aussi bien que l'intérêt général, exige cette profonde réforme dans notre organisation administrative; mais presque nul de nos hommes politiques n'y est favorable, à quelque parti qu'il appartienne. Tous ambitionnent la concentration des pouvoirs, une autorité sans bornes remise aux mains du gouvernement, au risque de voir parfois dépendre le sort du pays entier du hasard d'un coup de main, d'une tentative accomplie sous le couvert d'un mensonge.

Il y a, d'autre part, une seconde cause de dépenses que, pour moi, je ne pardonnerai jamais aux hommes qui sont arrivés aux affaires après la révolution de 1848; je veux parler de l'exagération de nos forces militaires. Dans ces dernières années, le budget de la marine avait été beaucoup augmenté. On avait cru qu'on pouvait avoir une marine militaire imposante sans une marine marchande considérable; ç'a été une erreur très-coûteuse. On avait maintenu d'un autre côté l'armée de terre sur le pied de guerre. Avoir cependant 300,000 hommes sous les armes quand on proclamait la paix, quand on inscrivait sur le drapeau qui flottait à nos frontières, après avoir jeté son ombre sur toutes les capitales étrangères, ces magnifiques paroles : La paix partout, la paix toujours ! n'était-ce pas de la déraison, eu égard surtout à la situation de l'Europe? L'Union américaine a une armée de 10,000 soldats seulement, et son budget de la marine, malgré l'extension prodigieuse de son commerce, ne dépasse pas 6 millions de dollars (28 millions de francs). L'Angleterre, avec une armée de terre de 100,000 hommes, maintient l'ordre dans la Grande-Bretagne et l'Irlande, et occupe les innombrables postes qu'elle possède dans les cinq parties du monde, indépendamment de l'Inde, qui a son armée particulière. Notre caractère national, nos traditions révolutionnaires imposent, j'y consens, que nous ayons une armée très-forte, nombreuse ; mais la force est en dehors de l'excès.

Au lendemain de la révolution, quand toute l'Europe s'ébranlait à notre exemple, que pas une puissance n'était en état de nous porter ombrage, et qu'à la fois tous les partis disparaissaient à l'intérieur, qu'aucun au moins ne pouvait recourir à la violence, pourquoi donc n'avoir pas diminué les dépenses de nos armées de terre et de mer? La crise qu'allait traverser le pays devait être épouvantable, pourquoi l'a-

voir aggravée encore en multipliant ses sacrifices (1)? Ainsi, on n'a pas trouvé assez de 300,000
hommes sous les drapeaux, on en a réuni
500,000. Et comme si le temps pressait, on a
fait passer les nouveaux conscrits devant des
conseils de révision dérisoires, sans responsa-
bilité, sans direction, sans uniformité; on a
appelé les classes qui n'avaient plus que quelques mois de service à fournir. 500,000 ou,
pour prendre les chiffres exacts, 522,127 hommes, ce n'a pas été encore suffisant. Un décret
subséquent a augmenté ce nombre de 80,000
hommes. Encore une fois, à quelle fin de si
nombreuses troupes? Était-ce simplement pour
envoyer aux frontières des armées de parade,
comme si l'on avait pris à tâche de parodier tous
les grands actes de notre première révolution ?
Qu'était-ce, en vérité, qu'une armée des Alpes,
et qu'est-ce encore? Qu'était-ce qu'une armée
du Rhin? Si l'on ne connaissait l'impuissance
absolue des hommes qui étaient au pouvoir, on
serait tenté de croire qu'ils préparaient un
crime.

A l'armée ordinaire, avec des cadres devenus aussi larges, on a ajouté encore des corps

---

(1) Tout compris, la dépense de l'armée était, dans ces
dernières années, de 520 à 550 millions.

spéciaux, mettant où il faut le plus d'unité, d'égalité, des divisions et des priviléges. On a créé la garde mobile, puis la garde républicaine, puis la garde marine. Je ne parle pas de ces autres corps improvisés qu'il a fallu dissoudre sous la réprobation publique. Enfin on a demandé un crédit de 9,600,000 francs pour mobiliser trois cents bataillons de la garde nationale. Il semblerait vraiment que ce chef de bande qui, la veille de l'attentat du 15 mai, demandait, dans je ne sais quelle taverne, la levée d'un million d'hommes, fût un des confidents du pouvoir. Quant à la formation de la garde mobile, elle paraissait obligée, comme après 1830, par le manque de travail pour les ouvriers de Paris. Mais en même temps qu'on instituait ce nouveau corps, on ouvrait les ateliers nationaux, ces ateliers d'oisiveté et d'aumône, de conspiration et de crime (1). Or, avec les ateliers nationaux, où se trouvèrent d'abord 13.000 ouvriers, et qui de-

---

(1) Il est utile de rappeler, pour repousser les théories du monopole au profit de l'État, que les ouvriers des ateliers nationaux, dépassant 100,000, ne représentaient pas journellement 10,000 journées de travail. — A Limoges, chaque journée d'homme, dans les ateliers de cette ville, a été calculée représenter 15 centimes. Sur le chemin de fer de Tours à Bordeaux, le mètre cube de terre ou de caillou en place, qui revenait, dans certains chantiers, à 50 centimes avec

vaient en renfermer bientôt jusqu'à 120,000, quelle nécessité y avait-il de créer des corps militaires ? Qu'on se souvienne de l'inquiétude de Paris en présence de ces jeunes faubouriens armés, qui plus tard, je le sais, devaient si noblement changer cette inquiétude en sécurité.

Il faut qu'un peuple choisisse entre la guerre et la liberté. S'il aime les armées et les campagnes, qu'il se satisfasse en marchant à la ruine ; mais qu'il accepte le despotisme. La liberté ne s'accommode pas plus des grandes armées, de l'esprit guerrier, de la discipline ni de l'enthousiasme des camps, que de la misère. Il suffirait de quelques mois de guerre

---

des ouvriers ordinaires, est revenu, en employant des hommes envoyés des ateliers nationaux de Paris, à 8 fr. — On ouvrait à Paris des ateliers nationaux pour assister (on le disait) les ouvriers sans ouvrage, et on obligeait les entrepreneurs de travaux publics à licencier leurs ouvriers, en ne soldant pas ce qui leur était dû ! Pour des travaux de terrassements sur la ligne du Centre, près d'Argenton et de la Souterraine, l'État devait 128,000 fr. ; on ne leur en a offert que 20,000, puis sur leur refus 40,000, enfin 78,000 fr. qui ont été acceptés. Pendant ce temps de pourparlers, les fournisseurs des ouvriers n'étaient pas payés, ni, par suite, les marchands de ces fournisseurs, ni les créanciers de ces marchands, et les entrepreneurs, se voyant dans l'impossibilité de payer régulièrement le salaire des ouvriers, en ont licencié une partie, qui tous sont venus aux ateliers nationaux de Paris.

pour entraver l'élan libéral qui emporte tout le continent, et que nos trente années de paix ont seules fait naître.

Cependant — car il n'est pas une faute que le pouvoir sorti des barricades de 1848 n'ait commise ou tenté d'accomplir — nous aurions certainement passé les Alpes sans la répulsion de l'Italie. Elle a heureusement su comprendre que ce n'est pas avec les armes de l'étranger qu'on gagne l'indépendance.

Pour mieux justifier les critiques que j'ai faites des charges nouvelles imposées à la France, je terminerai ce chapitre par l'indication des pricipales mesures qu'on eût dû prendre, à mon sens, après la révolution, et qui auraient évité celles qu'on a décrétées. Je n'ai pas besoin de dire que j'admets l'existence d'une administration qui sût assurer l'ordre au lieu de jeter l'effroi, la volonté dans le pouvoir de garantir la liberté du travail et le respect de la propriété. Hors de là, rien n'est possible, sinon la détresse commune.

Il aurait d'abord fallu restreindre, ainsi que je l'ai dit, les dépenses de l'administration de 100 millions et celles des ministères de la guerre et de la marine de 150 millions, en revenant aux chiffres des budgets de la fin de la restauration et de ceux qui ont précédé 1840.

On aurait ainsi, tout en affermissant la paix, rassuré le pays, qui ne peut prendre confiance au milieu des incertitudes, des chances d'un état de choses disposé pour la guerre. Avec le maintien de la sécurité, il aurait été facile, en outre, de vendre, pour 100 millions, des biens appartenant à l'État, dans l'année ou dans un laps de dix-huit mois. Et cette mesure n'aurait pas été seulement profitable au Trésor, elle l'aurait été à la nation. L'État possède, en France, une trop grande étendue du sol; il l'administre moins bien que ne le feraient des particuliers, et répandre la propriété dans la population, c'est y porter les mœurs du calme et du travail. S'il avait été nécessaire, d'ailleurs, on aurait pu, en imitant l'exemple donné par le baron Louis après l'invasion, émettre, pour attendre la réalisation de ces ventes, des mandats territoriaux, également pour 100 millions. D'autre part, le Trésor dis - posait, on se le rappelle, d'une réserve de 135 millions déposés à la Banque, et de valeurs en portefeuille s'élevant à 55 millions. Il se serait donc trouvé, grâce à ces mesures, si simples, si faciles, avec 540 millions de ressources extraordinaires, et, en agissant comme l'intérêt public le lui conseillait et ainsi que je l'ai exposé, envers les créanciers de la dette

6

flottante, il aurait eu à satisfaire à peu de leurs demandes. Il lui restait, du reste, les voies et moyens du crédit, qui ne lui a pas fait défaut, même après sa mauvaise gestion. Supposez que le gouvernement, en parant ainsi aux besoins financiers, eût rassuré le pays par le respect de tous les droits et de tous les engagements, par la dignité de son administration et de sages mesures prises à l'égard des classes ouvrières, eût à la fois assisté l'industrie, en soutenant surtout les grandes maisons de banques, et vous affirmerez que les difficultés auraient été vaincues, les finances sauvées. Les hommes qui s'étaient emparés du pouvoir seraient restés seulement responsables d'avoir déchiré, sous l'empire de la passion ou du caprice, les lois fondamentales de leur pays, et c'était suffisant.

Jamais gouvernement, au lendemain d'une révolution, n'a eu une tâche aussi aisée. Tous les partis, ainsi que je l'ai déjà remarqué, avaient disparu ; chacun cherchait à affermir le pouvoir. Une crise industrielle était inévitable, et pas une fabrique ne fermait ; les manufacturiers, les commerçants, les capitalistes, si indignement calomniés, se lançaient à l'envi dans l'imprévu pour le salut commun ; dans tous les ateliers, malgré la prévision de pertes considérables, on

offrait aux ouvriers les conditions les plus favorables. Quelques-uns ont admiré la vaillance
du peuple durant le combat; il n'y a pas eu
combat, et quels que soient l'ardeur, l'enthousiasme de la lutte, pour moi, je ne les admi-
rerai jamais autant qu'une résolution d'où dé-
pendent l'avenir de sa fortune, de sa famille, sa
position, son honneur, prise de sang-froid en
vue du bien public. L'audace, derrière une
barricade, me semble chose vulgaire; le courage, le sacrifice, au fond d'un comptoir, me
paraissent choses magnifiques. Oui, le présent
pouvait encore être beau pour la France; on en
a fait un abîme de misère, de malheur et de
déchéance.

Quand les hommes qui ont commis un pareil
méfait sont venus dire qu'ils avaient sauvé le
pays, pour qui donc prenaient-ils ceux à qui
ils s'adressaient? Quand ils ont dit que les mesures funestes et odieuses qu'ils avaient décrétées, le peuple les exigeait, quel mépris
avaient-ils donc pour le peuple, quelle idée
se faisaient-ils donc du pouvoir? On est aux
affaires pour servir le peuple, non pour l'abu-
ser; pour l'instruire, non pour le tromper en
cherchant à lui plaire. La main dans laquelle il
faut déposer la palme publique, comme disait
Hamilton, n'est pas la main artificieuse des

hommes qui flattent les préjugés de la multitude afin de trahir ses intérêts. Et les masses à qui on parle honnêtement, sincèrement, distinguent toujours ceux qui veulent leur profit de ceux qui ne demandent que leurs applaudissements Tout ensemble, ces gens qui se posent comme les défenseurs du peuple, en ne s'en faisant que les courtisans, le calomniaient vraiment par trop. L'ordre que le peuple parisien a établi et maintenu, quand il était seul maître, a été admirable. Jamais encore un pareil spectacle n'avait été donné au monde. Ce peuple-là n'a pas demandé de tout désorganiser, de tout effrayer, de tout détruire. Combien étaient-ils donc ceux qui ont imposé à ce majestueux pouvoir la ruine du pays? On a oublié d'en faire le compte !

..... Il y a des hommes qui ont l'effronterie du mal, d'autres en ont la lâcheté.

CHAPITRE IV.

Les budgets de 1848 et de 1849.

M. Garnier-Pagès terminait son rapport du 9 mars en disant : « Je ne tarderai pas à soumettre au gouvernement les bases d'un nouveau budget, d'un budget vrai, sérieux, honnête, en un mot, du budget de la République. » C'est M. Duclerc qui s'est chargé de tenir cet engagement ; il se l'est proposé, je n'en doute pas, mais assurément il n'y a pas réussi.

D'après le projet du *budget rectifié* qu'il a présenté à l'Assemblée nationale, le 6 juin, les dépenses de l'exercice de 1848 s'élevaient à.. . . . . 1,680,222,206 fr.

Les recettes étaient évaluées à. 1,684,965,870

Il y avait ainsi un excédant de recettes d'environ. 4,700,000 fr.

C'était, toutefois, 6 millions de moins que n'en avait annoncé M. Garnier-Pagès dans son compte rendu du 6 mai, où il portait l'excédant des recettes à 11 millions.

6.

Les principales ressources sur lesquelles comptait M. Duclerc étaient les contributions directes , l'impôt sur les créances hypothécaires , l'impôt progressif sur les successions et les donations , le produit des coupes de bois , celui des taxes sur les boissons et des assurances contre l'incendie , le revenu des douanes , le montant de l'emprunt national , les retenues proportionnelles sur les traitements. Les chiffres, sur ces différents articles, étaient très-exagérés , je n'ai plus besoin en ce moment de le montrer.

Et il ne mentionnait d'autre part nulle diminution probable sur les produits de l'enregistrement , du timbre et des colonies.

A la suite de ce projet de budget, M. Duclerc proposa à l'Assemblée nationale un ensemble d'autres ressources , immédiatement réalisables , s'élevant à la somme de 580 millions. C'était son plan financier, on s'en souvient , son *secret* ; je dois m'y arrêter un instant.

Les recettes portées au budget suffisaient, je viens de le dire , aux dépenses ordinaires de l'exercice 1848 , elles les excédaient même ; mais elles devenaient insuffisantes en prévision du rachat des chemins de fer, que le gouvernement poursuivait alors si ardemment. C'est surtout à pourvoir à cette nouvelle dépense qu'était destiné le plan financier que je viens de rappeler..

Les ressources qu'y enumérait le ministre étaient :

	fr.
Emprunt fait à la Banque. . .	150,000,000
Émissions de rentes pour les acquéreurs des départements en 1848 et 1849.	100,000,000
Coupes extraordinaires en 1848 et 1849.	25,000,000
Parcelles de bois.	14,000,000
Échanges avec les hospices. .	25,000 000
Bois de l'État.	86,000,000
Alluvions, lacunes, etc. . . .	4,000,000
Débets à recouvrer.	3,000,000
Encaisses des compagnies de chemins de fer.	45,000,000
Revenus des chemins de fer en 1848 et 1849.	20,000,000
Amortissement de 1849. . .	83,000,000
Reprises à exercer sur la liste civile pour coupes sombres dans les forêts de la couronne. . . .	25,000,000
Total.	580,000,000

J'ai parlé précédement de l'emprunt fait à la Banque : je passe à l'examen des autres articles.

Émisssions de rentes pour les acquéreurs des départements.

Pour qui ignorerait ce que c'est que la rente et ce que sont les opérations de bourse, ce moyen paraîtrait excellent. Dans les temps de crise, lorsque la rente est dépréciée, la province en est, à vrai dire, le seul acheteur sérieux ; n'est-il donc pas très-aisé de se procurer de l'argent en lui concédant de nouvelles rentes ? Or 25 millions pour les mois qui restaient à passer de l'année 1848, et 75 millions pour 1849, c'était le moins qu'elle pût demander ; car chaque chose, disait le ministre, progresse, et déjà, en 1847, les achats de la province à la Bourse de Paris se sont élevés à cette dernière somme. Par malheur, si vous arrêtez les fonds de la province au Trésor, au lieu de les laisser parvenir à la Bourse au moment où elle entre seule dans la rente, les cours y baisseront sans cesse. Il ne s'y trouvera plus que des vendeurs et pas un acheteur. Vous pourrez donc livrer à la province pour 75 millions de nouveaux titres de rente, mais vous ne recevrez peut-être pas 20 millions en espèces ; c'est à quoi l'on n'avait pas pensé. On n'avait pas songé non plus que le crédit de la France aurait pu être anéanti par éloignement de la Bourse du seul acheteur qui s'y présentât, l'amortissement lui-même ne fonctionnant plus.

Coupes de bois.

Le ministre portait à 25 millions le produit des coupes extraordinaires de bois, et lui-même disait dans son exposé des motifs : Le bois coupé n'est pas vendu. Ce n'est pas cependant l'exportation en franchise des bois, à part le chêne et le noyer, ainsi qu'elle était alors proposée, qui aurait permis de faire des coupes extraordinaires. On n'exporte pas de bois taillis, et pour que les futaies aillent à l'étranger, il faut qu'elles soient situées près de la frontière. Le consommateur des bois français, le seul sur lequel on puisse compter, c'est l'industrie nationale, et ce n'est pas dans la condition qu'elle a depuis un an qu'elle est à même d'augmenter ses achats en matière première.

Vente de biens immeubles (1).

Après avoir répandu l'inquiétude et causé des ruines sans nombre, c'était évidemment

---

(1) **Parcelles de bois, bois de l'État, biens des hospices, alluvions, lacunes, etc.**

une erreur de croire qu'on placerait des propriétés pour 149 millions, surtout en présence de l'autorisation donnée à la Banque d'aliéner les forêts qui lui avaient été livrées en gage. Le plus beau résultat que puisse atteindre le ministre, disait à ce sujet le comité des finan· ces, c'est d'arriver au chiffre de 50 millions.

Débets à recouvrer.

Il est difficile de croire que l'État pût faire rembourser des sommes qu'il avait vainement réclamées dans des temps plus prospères.

Encaisse des compagnies et revenus des chemins de fer.

Sur les 45 millions que le ministre croyait trouver dans la caisse des compagnies, 30 aù moins étaient en bons du Trésor, et dans l'état des finances, ils ne pouvaient former une ressource Quant aux 15 millions provenant dès la première année de l'exploitation des chemins de fer, j'ai dit ailleurs ce qu'il faut en penser, et vraiment poser un tel chiffre, c'était faire un aveu trop naïf. Lorsqu'on dépouille quelqu'un, pourquoi donc chiffrer publiquement le profit de son action? Il n'y a pas d'expropriation sans juste indemnité, sans remboursement intégral des avantages attachés à la chose dont on s'empare, partant gagner, par la prise des chemins de fer, 15 millions au détriment des actionnaires, si cela semblait habile, il l'était assurément peu de s'en vanter.

Réserve de l'amortissement.

L'amortissement, constitué comme il l'est, est un rouage inutile, coûteux; il complique nos budgets et cache la vérité. Toutefois, les 83 millions de rente qui appartenaient à la caisse d'amortissement étaient une ressource certaine. Seulement, ainsi que l'a remarqué le comité des finances, d'après la nouvelle rédaction du budget, les réserves de l'amortissement doivent désormais figurer parmi les ressources ordinaires, et elles y figuraient déjà pour l'exercice 1848.

Reprises sur la liste civile.

Je ne sais ce qu'on décidera sur la liste civile, administrée d'une façon si incroyable depuis la révolution; mais ces reprises étaient loin d'être justifiées (1). Le plus curieux, c'est

---

(1) Qu'on se rappelle l'arrêt de la cour d'Orléans intervenu sur cette question.

que le ministre qui réclamait de la liste civile 25 millions à raison des coupes sombres qu'elle avait ordonnées dans les forêts de son usufruit, proposait en même temps de soumettre les forêts de l'État à de pareilles coupes, devant donner aussi 25 millions, comme je l'ai dit, *en vue d'un meilleur aménagement.*

Le comité des finances, dans son rapport à l'Assemblée nationale, estimait que le budget rectifié de 1848 se solderait par un déficit d'environ 114 millions, au lieu de présenter un excédant de recettes de plus de 4 millions, et n'évaluait l'ensemble des ressources financières ci-dessus énumérées qu'à 250 millions.

La plus grande partie de ces ressources ont été répudiées, on le sait, par M. Goudchaux, presque aussitôt après sa rentrée au ministère des finances, en succédant à M. Duclerc. Il n'en est resté définitivement que l'emprunt de 150 millions fait à la Banque.

En somme, le montant des dépenses votées pour 1848, sous la monarchie, s'élevait à 1,564 millions, y compris 190 millions de travaux extraordinaires ; le projet de budget de M. Duclerc le portait à 1,680 millions, après avoir retranché 50 millions sur les travaux extraordinaires ; le vote de l'Assemblée nationale l'a fixé à 1,823 millions, les allocations en faveur des travaux publics n'étant diminués que de 32 millions. Pour les recettes, le gouvernement déchu les avait estimées à 1,370 millions, et en y comprenant les 103 millions de la réserve de l'amortissement, à 1,493 millions. Dans les dernières évaluations du budget rectifié, elles étaient portées à 1,494 millions; 191 millions y étaient ajoutés en vertu de l'impôt des 45 centimes, et 173 millions supprimés au chapitre des revenus des impôts indirects. Le comité des finances a ajouté une autre réduction de 7 millions sur le produit des forêts, ce qui a laissé le budget des recettes de la République supérieur de 14 millions seulement à celui de la monarchie, malgré l'impôt des 45 centimes.

Il est intéressant de considérer les changements qui se sont opérés dans la rentrée des contributions à la suite de la révolution. Les impôts et revenus indirects, qui dans ces derniers temps s'augmentaient d'environ 20 millions chaque année, grâce au constant développement de la richesse sociale, n'ont donné que 676 millions en 1848, tandis qu'en 1847 ils avaient produit 820 millions. Et l'année 1847, année de disette, n'avait pas suivi la progression des années précédentes; elle offrait elle-même une diminution de 3 millions sur 1846. Entre les branches de revenu qui ont le plus souffert, les droits d'enregistrement, de greffe, d'hypothèque, ont éprouvé, comparativement à ce qu'ils avaient rendu en 1847, une réduction de 54 millions, soit de plus du quart. Le droit de timbre est tombé de 41 millions à 30 millions. L'ensemble des droits de douane a présenté une diminution de 48 millions. Chacun de ces chiffres révèle la cessation des affaires, des transactions, la détresse de la propriété et de l'industrie.

Parmi les contributions indirectes, les réductions qu'on aperçoit, comparativement à 1847, sont celles de 7 millions sur l'impôt du sel, de 12 millions sur celui des boissons, de 9 millions sur les droits divers de recettes à différents titres, de 1 million 1/2 sur la vente du tabac, enfin de 400,000 fr. sur le produit des postes.

La somme des impôts et des revenus indirects a été, du reste, de 10 millions supérieure à l'évaluation portée dans le budget rectifié.

De leur côté, les recouvrements opérés sur l'impôt direct font aussi penser qu'il rendra plus qu'on ne l'avait espéré. A la fin de décembre, il restait, il est vrai, à recouvrer sur cet impôt 95 millions, savoir : 66 millions sur l'impôt ordinaire, et 29 millions sur l'impôt des 45 centimes. Mais il a été porté au budget rectifié 20 millions pour non-valeurs sur l'impôt ordinaire, et 30 millions pour dégrèvements et non-valeurs sur l'impôt des 45 centimes, soit 50 millions en tout. Or l'administration n'avait encore alloué, au commencement de cette année, que 10 millions à titre de dégrèvement. Sur les 95 millions qui restaient à recouvrer, il pourrait donc manquer encore 40 millions sans que les prévisions du budget rectifié fussent dépassées, et il est permis de croire que cette somme ne sera pas atteinte.

Néanmoins, la diminution des produits des contributions directes et indirectes, sur ce qu'ils avaient été calculés devoir rendre avant la révolution, est évaluée à 205 millions. Cette réduction dans les recettes — estimées, ainsi que je l'ai exposé, à 1,487 millions—jointe à l'augmentation des dépenses — portées à 1,823 millions—a laissé au budget de 1848, malgré les nouveaux sacrifices imposés aux contribuables, un déficit de 336 millions. Mais les ressources d'un emprunt antérieur et des emprunts qui ont été successivement contractés depuis un an, ainsi que les versements de la compagnie du chemin de fer du Nord, s'élevant ensemble à **253** millions, l'ont ramené à 83 millions. La diminution aurait dû être telle au moins ; mais M. Passy, dans son exposé de la situation des finances, estime le déficit de 1848, d'après les faits constatés au ministère des finances, à 86 millions.

Et il ne s'agit plus seulement de solder cette somme. Les emprunts et les consolidations de dettes exigibles qu'on n'a pas acquittées, ont augmenté d'un cinquième les intérêts de notre dette publique. Ils figuraient pour 291 millions dans le budget primitif de 1848 ; ils sont maintenant de 352 millions. Il est vrai que la dette flottante a été annulée pour 600 millions environ par la consolidation des bons du Trésor et des livrets de la caisse d'épargne ; mais on a demandé depuis 200 millions à la Banque, portés à la dette flottante. La réduction n'est donc plus, sous ce rapport, que de 400 millions, tandis que les intérêts de la dette consolidée se sont augmentés de 61 millions, représentant un capital de 1,293 millions Il reste ainsi environ 900 millions qu'il a fallu demander au crédit depuis un an.

J'avais espéré, je l'avoue, que cette situation financière si grave, si tendue, si inquiétante, donnerait beaucoup d'importance et beaucoup d'intérêt à la discussion du premier budget de la République. Il y avait tant de périls à rester dans la position où l'on se trouvait, et, d'autre part, tant d'économies à réaliser, sans nul dommage pour le bien de l'État, tant de services à réorganiser, tant de perfectionnements à apporter dans la confection des travaux publics de toute nature et dans l'emploi du crédit, que je m'attendais que toutes ces grandes et belles questions seraient agitées au moins, sinon tranchées. Il n'en a rien été. Pas un parti pris ni dans l'Assemblée, ni dans le gouvernement, pas une vue d'ensemble, pas une préoccupation sérieuse de la situation financière du pays, voilà tout ce qui s'est fait remarquer dans cette longue discussion. Chaque ministre a tiré à lui le plus qu'il a pu du budget, s'est efforcé seulement de se réserver le plus grand nombre de places à distribuer, de traitements à solder. Quant à celui des finances, il n'a pas paru un instant se souvenir qu'il était préposé à la garde du Trésor, de la fortune publique ; il a cru sa tâche remplie après avoir demandé que ses comptes fussent en règle. Le comité des finances avait proposé plusieurs réductions, à la vérité, mais timides, incohérentes, laissées le plus souvent à la merci des ministres. Réunies, elles ne se montaient d'ailleurs qu'à 1,437,000 francs pour l'exercice de 1848, et qu'à 9,338,000 francs pour les exercices suivants. Le seul résultat de cette discussion, ç'a été la diminution des traitements les plus élevés. Il reste maintenant à savoir si l'on n'aura pas à les payer, réduits de la sorte, uniquement à des médiocrités.

Ce qu'il fallait faire, c'était de restreindre sans crainte, à grands coups, le nombre des places si exagéré, et d'appeler à celles qu'on aurait conservées des hommes capables et dignes par la haute position qu'on leur aurait faite; c'était de ramener l'intervention de l'État aux matières politiques et à la gestion des intérêts généraux immédiats du pays; c'était enfin de diminuer considérablement nos forces militaires de terre et de mer. Mais cela aurait entraîné, je l'ai déjà dit, la ruine de la centralisation, ce réseau d'asservissement et de corruption qui surcharge la France, et tant d'intérêts y sont attachés, elle sollicite tant d'appétits ! Le pouvoir aurait dû se borner aux fonctions qu'il peut utilement remplir, et ce n'est pas l'affaire de tous les hommes d'État, non plus que de leur famille. Cependant pensez-vous qu'un pays comme le nôtre, où les services généraux des ministères s'élèvent à 1,090,000,000 de francs, et sur la surface duquel on rencontre cent soixante-quatorze mille fonctionnaires prêts à toutes les exigences, s'interposant dans tous les actes des citoyens, ne soit pas soumis à des désordres extrêmes [et demeure vraiment libre? Croyez-vous aussi que la présence de 500,000 hommes sous les drapeaux soit nécessaire pour assurer le maintien de l'ordre? Avec les moyens de communication dont nous disposons, avec l'organisation actuelle de l'armée, moins de la moitié de ces troupes y suffirait, c'est incontestable. Ce n'est pas non plus, on le sait de reste, les sommes accordées au ministère de la marine qui procurent la puissance de la flotte. Où l'on veut une puissante marine militaire, il faut faire une bonne condition à la marine marchande, il n'y a pas d'autre moyen. En 1789, le budget se montait à 900 millions; à la fin de la restauration, il était de 1,200 millions; dans les dernières années de la monarchie de 1830, il atteignait 1,500 millions : la République a débuté par en imposer un de plus de 1,800 millions, et la France était au comble de la détresse!

Bien souvent déjà, c'est le ministre des finances qui l'a dit, le paysan et le petit artisan n'acquittent plus leurs contributions que pressés par des garnisaires, comme les fellahs d'Égypte. L'impôt qu'on enlève aux classes supérieures, gênées comme elles le sont, n'entame - t - il pas aussi le capital, source de la richesse future? Comment donc, dans un pareil état de choses, ne rien faire pour diminuer les dépenses publiques? Si l'on pense que 500,000 hommes soient nécessaires sous les armes, quand la guerre est impossible; que les frais de la flotte doivent encore s'augmenter, lorsque notre mauvaise législation commerciale laisse chaque année dépérir notre marine marchande; que notre organisation administrative, et l'accaparement par l'État de toute entreprise un peu importante soient excellents, malgré les frais qu'ils entraînent et les détestables coutumes qui les suivent, qu'on les maintienne; mais qu'on imagine alors quelque autre moyen de restreindre le budget. En présence d'un déficit de 642 millions pour la fin de 1849, assuré dès aujourd'hui, et du dénûment, de la ruine générale, ne rien tenter qui puisse, en calmant des souffrances indicibles, sauver le pays de la banqueroute, je le demande, serait-ce là gouverner?

Au moins, a-t-on renoncé depuis quelque temps à proposer sans cesse de nouvelles dépenses sans indiquer en même temps les moyens d'y faire face? Dois-je rappeler, par

exemple, les millions à distribuer à l'industrie
du bâtiment, au préjudice des autres, à des
associations ouvrières, destinées à tomber, ou
à ces 300,000 personnes de Paris sans travail ni pain, afin de leur fournir, y compris
les secours votés par le conseil général de la
Seine, 16 centimes par jour? Qui ne se souvient aussi des sommes allouées aux communes
pour les engager à voter de nouveaux impôts
municipaux, et de celles à répandre en primes
à la sortie de nos marchandises, faveur offerte
à l'étranger au détriment du pays, et qui nous
a valu aussitôt les représailles du Zollverein?
Ç'ont été encore les 522,019 francs destinés à
pourvoir au remboursement du semestre échu
le 1er septembre 1848 de l'emprunt grec; les
6,700,000 francs affectés au payement des
écharpes et des drapeaux commandés à la fabrique de Lyon par le gouvernement provisoire; enfin, pour ne pas trop prolonger cette
énumération, les 50 millions demandés pour
fonder des colonies agricoles en Algérie, qui,
je le crois, seront très-insuffisants, sinon très-
regrettables. On ne fait pas en effet une colonie
avec de la misère; il faut pour cela en même
temps que des bras, des capitaux, du savoir, de
l'intelligence. Une société où ne se trouvent ni
fortune ni talent, cet idéal de quelques rêveurs,

7.

n'est pas possible au-delà de la Méditerranée plutôt qu'en deçà.

Les dépenses imprudemment décrétées sont, on l'a fait déjà remarquer, d'autant plus fâcheuses que l'État, si l'on n'abandonne pas les errements suivis jusqu'à ce jour, va avoir à faire face à des charges nouvelles et considérables qu'il serait très-préjudiciable de négliger. Je n'en citerai qu'un exemple frappant. Le 23 février, on pouvait achever les chemins de fer en cours d'exécution ; y ajouter celui de Lyon à Avignon, afin de terminer la ligne de la Méditerranée à la Manche ; porter les canaux de l'État à une parfaite condition d'entretien, en les complétant même, moyennant un fermage un peu long à une compagnie, et on assure que c'était déjà un contrat signé, sauf la ratification des chambres, sans que le Trésor eût à dépenser plus de 486 millions. C'eût été l'affaire de trois années, sur le pied de 162 millions par an (1). Depuis la révolution, à cette

---

(1) J'emprunte ces observations à un travail de M Michel Chevalier, intitulé : *Statistique des travaux publics sous la monarchie de* 1830, publié dans le *Journal des Économistes*, n° du 15 décembre 1848.—*V.* cet article pour apprécier les calculs dont je ne donne que le résultat.—Pour m'en tenir aux faits principaux, je n'ai pas parlé des frais qu'entraînera le séquestre du chemin de fer de Bordeaux à la Teste.

somme de près d'un demi-milliard, il faut ajouter les dépenses du chemin de fer de Lyon, qui ne paraissent pas devoir s'élever à moins de 300 millions ; les 10 millions du chemin de fer de Chartres qui ne seront pas remboursés, auxquels viendront se joindre 20 autres millions environ, employés à solder de nouveaux travaux, dans le but d'occuper les ouvriers. Si, en outre, l'État veut avoir le chemin de fer de Lyon à Avignon, de même s'il veut améliorer et terminer les canaux, il lui faudra pour ces deux articles au moins 200 millions. On arrive ainsi à un total général de 1,016,000,000 de francs à dépenser dans un délai de cinq à six années, à moins de laisser l'industrie française dans un déplorable état d'infériorité. — A mon avis, du reste, entreprendre de tels travaux au nom de l'État et à la charge du Trésor, ce serait folie. Qu'on s'adresse aux entreprises particulières, aux sociétés industrielles, en leur offrant des conditions avantageuses, en doublant, s'il le faut, le temps des concessions. Ce qui importe au pays, c'est que ces travaux soient promptement exécutés, et livrés à l'activité privée, ils reviendront en tout cas beaucoup moins cher que s'ils étaient conduits par l'État.

M. Fould, après avoir rappelé le découvert

du budget de 1848, et apprécié celui par lequel se soldera l'exercice de 1849, après avoir, d'un autre côté, énuméré les diverses charges auxquelles l'État doit pourvoir, ajoutait : « Nous avons demandé à l'emprunt et à l'impôt, et au nom de l'État, et au nom des départements, et au nom des communes, tous les sacrifices qui sont en ce moment possibles, des sacrifices plus lourds que ceux qui à aucune époque n'ont été demandés à aucun pays. Il n'y a plus d'autre ressource maintenant que l'économie ; il faut prendre un parti énergique et ne demander aucun supplément de ressources ni au crédit ni à l'impôt. » C'est en ce moment surtout, effectivement, que ces paroles d'un de nos grands hommes d'État et tout ensemble d'un de nos habiles financiers, de Casimir Périer, sont vraies et utiles à rappeler : « La base des finances de tous les empires, c'est l'économie, comme la source du crédit et de la confiance, c'est la fidélité à remplir ses engagements. Ces assertions, toutes vulgaires qu'elles puissent paraître, ne le sont pas encore assez, puisque sans cesse on voit une pratique contraire. »

Dans une autre occasion, M. Fould, dont l'opinion a acquis depuis un an une grande et juste importance en matière de finances, disait encore : « La situation de nos finances, toute compromise qu'elle est, n'aurait rien qui dût exciter de sérieuses alarmes et de sinistres prévisions, mais ce serait à la condition que, par des mesures énergiques et promptes, le gouvernement et l'Assemblée sauraient, d'un commun accord, puiser des ressources dans le seul trésor qui nous soit ouvert désormais, celui de l'économie, et que par le concours d'une administration vigilante et ferme, le revenu public, si souvent attaqué, serait maintenu avec une rigoureuse sévérité. »

Oui, tout est là : économie et vigilance au sein de l'ordre. Économie, je ne cesserai de le redire, par la diminution des forces de terre et de mer si exagérées, si coûteuses, et par la réduction des fonctions de l'État dans l'administration, dans l'industrie, dans la confection des travaux publics, dans l'enseignement, etc.; car, lorsqu'on y regarde de près, l'État, en absorbant des ressources énormes, dirige toutes nos actions, tous nos efforts, toute notre conduite. Les socialistes les plus exagérés ne font que tirer les dernières conséquences de l'organisation gouvernementale, administrative, qui nous régit. Ce qu'on appelle centralisation, c'est au moins la moitié du communisme. Et la décentralisation, qu'on en soit bien convaincu, sera l'élément d'ordre le plus fort, le plus vrai, le seul fort et le seul vrai même qu'on puisse imaginer aujourd'hui. La France est sage, laborieuse, conservatrice ; la confiance, la stabilité renaîtront bientôt et s'affermiront quand on saura qu'elle dirige réellement elle-même ses destinées. Il n'existe pas d'autre moyen de fermer l'ère, l'abîme des révolutions. C'est pour ne pas avoir assez compté sur le pays que deux dynasties sont tombées en dix-huit ans ; et tant que le pouvoir sera concentré sur un point, réuni en un faisceau, il tentera les efforts des factions et sera livré au hasard d'un coup de main.

Qu'on se mette donc à l'œuvre ; le temps presse. Aussi bien dans les grandes crises, dans les grands désastres, l'hésitation ne sert qu'à accroître l'inquiétude publique et qu'à laisser s'étendre le mal. Si l'on s'en tient ,comme on semble disposé à le faire, à quelques changements sans portée, à des économies de détail, le péril financier restera le même, et l'on désorganisera les services publics. Il faut réformer, il ne faut pas désorganiser.

Quelles tristes réflexions vous viennent lorsqu'on se rappelle les actes pleins de hardiesse et de résolution du gouvernement anglais durant la crise qu'il eut à traverser et qui a duré vingt ans, quand à sa tête siégeait Pitt! Comment ne pas s'affliger aussi en pensant aux mesures financières présentées par Robert Peel pendant son dernier ministère, à ces mesure qui parurent si téméraires et qui ont rendu l'abondance au Trésor d'Angleterre? Un homme d'un savoir très-étendu, d'une justesse d'esprit très-remarquable, dirige en ce moment nos finances ; qu'il ose de même, et il mettra fin aux embarras, aux dangers considérables de notre position, en méritant toute l'estime publique.

En même temps qu'il est possible, d'ailleurs, de réaliser d'heureuses et importantes économies, maintenant que la sécurité reparaît la vente d'une portion des biens de l'État, qu'un échange préalable avec les hospices rendrait très-facile, ainsi que je le disais dans mon précédent chapitre, la réserve du Trésor, les payements à faire sur les emprunts contractés, les fonds de la caisse d'amortissement enfin, fourniraient des ressources abondantes. Notre situation financière est mauvaise, grosse d'immenses périls ; mais il n'y a qu'à savoir et vouloir pour qu'on n'ait plus à s'en effrayer.

M. Trouvé-Chauvel, en présentant le budget de 1849, n'en avait estimé le découvert qu'à 91 millions ; mais, d'après les calculs de M. Passy, les faits constatés autorisent déjà à porter l'excédant des dépenses qui y figurent sur les recettes, à 107 millions. En outre, le revenu des forêts sera inférieur de 10 millions à ce qu'il avait été estimé d'abord, c'est-à-dire qu'il ne sera supérieur que de 2 millions à celui de cette année ; les nouveaux impôts sur le revenu mobilier, les successions et les donations, qui devaient rendre 99,534,000 francs, ont été, et avec juste raison, rejetés par l'Assemblée nationale ; enfin la réduction des deux tiers sur l'impôt du sel enlèvera, non, je crois, 47 millions, comme l'a dit le gouvernement, mais environ 15 millions. On arrive ainsi à une somme de 231 millions.

Si maintenant aux déficits de 86 millions pour 1848 et de 231 millions pour 1849, on ajoute 38 millions pour les indemnités supplémentaires à rembourser aux caisses d'épargne à partir du 1er janvier 1850, 227 millions provenant des déficits des années antérieures (1), et 60 millions nécessaires pour fonds de roulement, on trouve que l'année 1849 se terminera, comme je l'ai dit plus haut, en présence d'un découvert de 642 millions. Ce ne sont pas assurément les contributions

---

(1) Déficits des années 1846 et antérieures, 134,156,000 fr.
1847. 43,179,000

qu'on veut établir sur les biens de mainmorte, le timbre des effets de commerce et les actions industrielles, se montant ensemble à 11,300,000 fr., qui peuvent être d'un grand secours pour combler un pareil déficit. Et je ne parle d'aucune dépense non arrêtée dès aujourd'hui, de l'indemnité, par exemple, due à tant de titres aux colons. D'une part donc, une augmentation de 61 milions, ou d'un cinquième sur les intérêts de notre dette consolidée; d'autre part, un déficit prévu de 642 millions pour la fin de l'exercice 1849, découvert à peu près semblable à celui qui existait en janvier dernier, avant la consolidation de la dette flottante, voilà les deux chiffres qui résument notre situation financière. Je le répéte, en présence d'une telle position, est-on autorisé à ne proposer nulle réforme, ou celles présentées dans le projet de budget pour 1849 sont-elles suffisantes? Les retranchements qui y sont opérés, comparativement à l'exercice 1848, s'élèvent seulement à 79,961,000 fr. sur le ministère de la guerre (1), à 22,072,000 fr. sur la marine, à 16,304,000 fr. sur l'intérieur, à 11,420,000 fr. sur les finances. L'ensemble des dépenses n'y est pas encore moindre de 1,639,151,331 fr.

____

(1) On sait quelles ont été les dépenses de l'armée en 1848 :

La France était, il y a un an à peine, heureuse ; elle est aujourd'hui misérable. Nous marchions à l'égalité, en relevant chacun notre condition , par la dispersion des lumières, l'accroissement et la division incessante de la richesse ; nous nous abaissons maintenant, en nous séparant davantage , au sein du dénûment et du désordre des esprits et des consciences. J'ignore quel fait est plus coupable que la violation des lois d'un pays libre ; mais je sais aujourd'hui les maux qu'on peut ainsi répandre sur un peuple , quand on appuie son usurpation seulement sur une incapacité que la présomption aveugle, et que ne retiennent ni le respect des engagements ni l'honnêteté des procédés. S'il m'est arrivé jamais d'espérer dans les révolutions , je renonce pour toujours à un pareil espoir ; j'ai trop souffert, je souffre trop encore des misères et de la déchéance de la France. Et quand tant d'autres s'effrayent pour les prérogatives du pouvoir , je crains beaucoup pour les droits de la liberté. Ou je connais bien mal mon pays, ou cette crainte n'est que trop légitime. Je l'avoue même, s'il m'était donné en ce moment de disposer de la page de notre histoire où sont inscrites nos trois révolutions , je la déchirerais sans hésiter. Il faudrait être du reste bien ignorant pour se persuader que nous vivrions encore sous les institutions du despotisme sans ces violentes secousses. Je suis convaincu, au contraire, que nos lois seraient bien plus libérales qu'elles ne le sont (1), et en même temps que les lois de la liberté nous aurions les mœurs de la liberté, incompatibles avec l'esprit révolutionnaire, et sans lesquelles tout est péril. On m'accordera aussi qu'au sein de l'ordre et du progrès régulier, notre prospérité se serait développée plus qu'elle ne l'a fait, notre place dans le monde se serait agrandie davantage. La civilisation n'avance que d'un pas mesuré. Tout fol élan entraîne un prompt retour.

Quand je considère l'état présent de la France et que je recherche les remèdes qu'il faudrait apporter aux maux dont elle souffre, je ne puis m'empêcher de me rappeler la position de la Hollande au XVII siècle, et les mesures que proposait à ce pays un de ses plus illustres et de ses plus dignes citoyens, Jean de Witt. La liberté dans les institutions et dans le travail, l'affermissement de la paix et la diminution des charges publiques, telles sont aussi

---

(1) Qui doute, par exemple, que sans nos révolutions, nous n'aurions pas la liberté individuelle, cette base même des libertés publiques.

nos sauvegardes, les seules, je crois, qui nous restent. Hors de là, je ne vois de même pour nous que prolongation de souffrances et chute plus profonde. Et cependant la France ne peut se considérer sans grandeur, sans vaste importance ; lui imposer l'abaissement, ce serait lui retirer l'existence même. Ah ! au sein de sa splendeur, sous les rayons de sa gloire, — que mon vœu pour elle soit encore exaucé, et c'est celui du moine italien pour sa patrie — : *esto perpetua !*

Mars 1849.

FIN.

9 782019 971557